po polsku

12 opowiadań
z ćwiczeniami

Paulina Lipiec

Redaktor prowadzący: Joanna Waszkiewicz-Siara
Korekta merytoryczna: Agnieszka Jančik
Korekta językowa: Aneta Łobaza, Mariusz Siara, Monika Kociuba,
Joanna Waszkiewicz-Siara, Ron Mukerji

Rysunki: Jacek Krumholc
Projekt okładki: Studio Quadro
Projekt graficzny i skład: Studio Quadro
Korekta: Pracownia Słowa

Wydanie I
ISBN 978-83-961550-1-6

Wydawnictwo PROLOG
ul. Bronowicka 37, 30-084 Kraków
tel./faks +48 (12) 638 45 50, tel. +48 (12) 638 45 25
e-mail: books@prolog.edu.pl
www.prologpublishing.com

SPIS TREŚCI

1 Zięć z Anglii [emigracja, Boże Narodzenie]

– Na pewno jest stary. Pewnie nawet starszy ode mnie – powiedział Dariusz i zjadł jedno uszko z grzybami, które dopiero wyjął z gorącej wody. Razem z żoną od rana gotowali świąteczne potrawy na Wigilię.

– Nie jedz takiego gorącego! Nigdy nie schudniesz, jeśli będziesz jeść między posiłkami! – odpowiedziała Beata, która sama nie była zbyt szczupła. – Nie. Sandra pisała, że ma 34 lata. Nie jest stary. Tylko 3 lata starszy od niej.

– To dlaczego nie ma Facebooka?

– Może nie chce marnować tyle czasu na oglądanie głupich filmów, jak ty.

– Próbowałem go znaleźć w internecie, ale Thomasów Smithów jest chyba pół Wielkiej Brytanii.

– Dzisiaj wieczorem go poznasz.

– Ale chciałem się przygotować do spotkania z przyszłym zięciem. Jak długo oni w ogóle są razem?

– Podobno pół roku.

– No właśnie! Pół roku, a my nawet nie wiemy, jak on wygląda!

– Dzisiaj się dowiemy. Na pewno jest sympatycznym, przystojnym mężczyzną… Sandra mówiła, że uczy się polskiego, żeby z tobą rozmawiać.

– Pff i tak się nie nauczy. Polski to najtrudniejszy język na świecie.

– Na pewno już mówi lepiej po polsku niż ty po angielsku. Chyba 20 lat nie rozmawiałeś po angielsku.

– To prawda, ale ostatnio obejrzałem kilka filmików na YouTubie i jestem gotowy!

– **Nie mogę się doczekać** wieczora! – zaśmiała się Beata i sama zjadła kawałek **makowca**, kiedy jej mąż nie patrzył.

Zadzwonił dzwonek do drzwi. Darek i Beata natychmiast wstali z kanapy i poszli otworzyć. Ich **jedyna** córka pierwszy raz od czterech lat przyjechała na Boże Narodzenie. I to nie sama, ale z **narzeczonym**! **Serca** obojga **biły** tak głośno, jak **silniki** Airbusa. Beata otworzyła drzwi. Przed nimi stała Sandra, a za nią wysoki, przystojny mężczyzna w czapce z napisem „cześć".

– Witajcie w domu! – powiedziała Beata ze **sztucznym uśmiechem**.

– Wiedziałem! – **wyszeptał** Darek Beacie do ucha i dodał głośno: – Chodźcie, chodźcie! Chyba bardzo **zmarzliście**! Pierwszy raz od lat mamy śnieg i mróz na święta!

Po obiedzie, deserze i herbacie wszyscy siedzieli przy stole w salonie. Beata rozmawiała z Sandrą po polsku. Sandra próbowała tłumaczyć Thomasowi. Thomas próbował zadawać Darkowi proste pytania, a Darek **udawał**, że nic nie rozumie i nie mówi po angielsku.

– Tato, Thomas zadał ci pytanie – powiedziała nagle Sandra. Thomas uśmiechnął się do niej z podziękowaniem.

– Tak? Przepraszam, nie słyszałem.

– To może wyłączysz telewizor? Możesz obejrzeć **skoki narciarskie** jutro rano.

– Córeczko, ale to jest **Puchar Świata**! – Darek **udał**, że nie wie, w czy problem.

– **Powtórka**! Już to oglądałeś! – Sandra była zdenerwowana. – Chodź do kuchni! – powiedziała do ojca, a potem zwróciła się do Thomasa po angielsku: – Idziemy zrobić więcej herbaty. Może pójdziesz na górę się rozpakować i spotkamy się później w salonie?

– W czym jest problem, tato? – zapytała Sandra, kiedy weszli do kuchni.

– Dobrze wiesz.

– Nie wiem. Powiedz mi. – Dziewczyna patrzyła ojcu w oczy.

– Nie było tam prawdziwych Anglików?

– Prawdziwych, to znaczy białych? Blondynów? Może jeszcze z **piegami** i niebieskimi oczami?

– Tak, dokładnie takich. Co z niego za Thomas Smith w ogóle? To jakiś pseudonim?

– Pseudonim! Tak, oczywiście. Jego mama jest z Bangladeszu, a tata jest Anglikiem. Pięćdziesiąt procent prawdziwego Anglika, czy to wystarczy?

– Sandra, **uspokój się**. – Do rozmowy **wtrąciła się** Beata. – My po prostu nie wiedzieliśmy.

– Ale jakie to w ogóle ma znaczenie? – zapytała Sandra. Miała łzy w oczach i czerwoną twarz ze **złości**.

– Nie ma. Nie ma. – Uspokajała ją Beata.

– Ma – powiedział Darek. – Dla mnie ma. Na pewno nawet nie jest katolikiem!

Sandra pobiegła na górę do swojego pokoju. **Skłamała** Thomasowi, że była zła, bo rodzice nie chcieli zrobić wegetariańskiego jedzenia na kolację i planowali kupić żywego karpia. Całą noc nie mogła spać, bo myślała o tym, jak trudny charakter ma jej ojciec i jak bardzo się za niego **wstydzi**.

W tym samym czasie, w sypialni, Beata próbowała rozmawiać z Dariuszem.

– Jest młody, ma dobrą pracę, jest sympatyczny. Jaki jest problem? – pytała. Dariusz leżał na łóżku plecami do żony i nic nie mówił. – Czy ty jesteś może po prostu **zazdrosny**, że twoja mała dziewczynka będzie żoną?

– Nie o to chodzi!

– To o co chodzi?

Darek sam nie wiedział, o co chodzi. Inaczej **wyobrażał sobie** męża Sandry. Nie lubił Thomasa i już.

W Wigilię córka i ojciec nie rozmawiali. Darek spędził większość dnia w garażu. Udawał, że jego samochód się zepsuł i musi go szybko naprawić, żeby wszyscy mogli pojechać na **pasterkę**.

Sandra z Thomasem ubierali choinkę i pomagali Beacie w kuchni. Thomas nauczył się dawać teściowej komplementy po polsku, więc co chwilę mówił: „Ale to jest pyszne!" i „Jest pani wspaniałą kucharką!". Sandra i Beata śmiały się głośno i nazywały go **lizusem**. Jedyne, co kompletnie Thomasowi nie smakowało, to barszcz.

– Ble. Przepraszam, ale to mi nie smakuje. To jest dziwne – powiedział po pierwszym łyku. – Wolę żurek.

– Szkoda – powiedziała Beata. – Może się przyzwyczaisz za kilka lat, bo my co roku na Wigilię jemy barszcz z uszkami.

– Będę próbował! – Uśmiechnął się Thomas.

Beata bardzo polubiła Thomasa. Widziała, że on i Sandra naprawdę się kochali. Było jej bardzo przykro, że nie mieszkali bliżej, ale najważniejsze, że Sandra była szczęśliwa. Miała nadzieję, że Darek też zmieni zdanie. Zawsze był blisko z Sandrą. Kiedy była mała, jeździli razem na grzyby albo grali w piłkę. Darek zawsze chciał mieć syna, ale kiedy **dowiedzieli się**, że oprócz Sandry nie będą mieć więcej dzieci, nie był bardzo smutny. Sandra **spełniała** jego **marzenie**. Tak jak on kochała samochody i oglądała z nim skoki narciarskie w telewizji. Razem jeździli na grzyby, a kiedy była trochę starsza, słuchali razem *Dżemu* albo *Lady Punk* w garażu i rozmawiali. Po wyjeździe Sandry do Wielkiej Brytanii ich przyjaźń stawała się coraz słabsza. Coraz rzadziej do siebie dzwonili. Teraz Sandra miała lepszy kontakt z Beatą, a Darek był o to trochę zazdrosny. Tęsknił za swoją córką.

– Może Darkowi jest zimno w garażu? – zapytał Thomas Sandrę po angielsku.

– Nic mu nie jest. Ma tam **grzejnik** elektryczny – odpowiedziała, dalej zła na ojca.

– Zrobię mu herbaty – zaoferował Thomas. Beata i Sandra popatrzyły na siebie zdziwione. – Nie lubi mnie, więc muszę z nim porozmawiać.

W garażu faktycznie nie było tak zimno. Darek siedział w samochodzie i słuchał muzyki. Thomas **zapukał** do okna.

– Chce pan herbaty? Zrobiłem. Z cytryną, po polsku.

„Lizus", pomyślał Darek, ale otworzył drzwi od strony pasażera. – **Wsiadaj.**

Thomas wsiadł do samochodu i dał Darkowi herbatę. Darek **ściszył** muzykę, ale dalej nic nie mówił.

– Znam tę piosenkę. *Sen o Warszawie*. Sandra mówiła, że to pana ulubiona. – Darek dalej nic nie mówił. – Czy problemem jest, że nie jestem biały? Jeśli tak, to jest pan zwykłym rasistą i nie musimy rozmawiać.

– Nie. Nie mam z tym problemu.

– Dobra. Myślę, że pan po prostu nie chce, żeby Sandra wyszła za mąż.

Darek popatrzył na Thomasa. „Cholera – pomyślał. – On naprawdę mówi lepiej po polsku niż ja po angielsku".

– Chciałem, żeby wyszła za mąż za Polaka, bo wtedy była szansa, że wróci do Polski. Kiedy wyjeżdżała, mówiła, że to tylko na rok, maksymalnie dwa. Chciała trochę pomieszkać za granicą, a potem poznała ciebie i teraz już nie chce wrócić.

– Hmm, nie wiem, czy dobrze rozumiem, bo mówi pan bardzo szybko. Sandra nie chce mieszkać w Polsce i to moja wina?

– Nie wiem, czy twoja wina. Po prostu chcę, żeby moja córka była blisko.

– Są samoloty.

– Samoloty, samoloty. To nie to samo, co dwadzieścia minut samochodem do innej **dzielnicy**.

– No to pan i pani Beata mogą przeprowadzić się do Londynu na emeryturze.

Popatrzył na niego zdenerwowany. „Na emeryturze! Ja mam dopiero 55 lat, a ten mi mówi o emeryturze!".

– Sorry. To nie był dobry pomysł. Ale możecie nas odwiedzać na wakacje. Możecie też często skypować. Dlaczego już teraz nie skypujecie?

– Sandra nie dzwoni.

– A pan dzwoni?

– Ja też nie dzwonię.

– No to może pan zacznie dzwonić, chociaż w weekend.

– No, może zacznę.

Thomas i Darek siedzieli w samochodzie prawie dwie godziny. Darek w końcu zaczął opowiadać Thomasowi o tym, jak Sandra była mała i nie umiała się uśmiechać do zdjęć, więc na każdym zdjęciu ma dziwną minę. I o tym, jak raz ugotował zupę i dodał do niej o dużo za dużo soli, ale nic nie powiedziała, bo nie chciała, żeby było mu smutno. I o tym, jak w liceum zaczęła śpiewać w zespole rockowym, a on chodził na jej koncerty, chociaż śpiewała naprawdę źle. Thomas słuchał, udawał, że wszystko rozumie i myślał o tym, że Sandra miała ogromne szczęście mieć tak kochającego ojca. On nie miał ze swoim kontaktu od 15 lat.

– Idziemy do domu, bo zimno. Trzeba **się przebrać** i zacząć Wigilię – powiedział Darek i **poklepał** Thomasa po ramieniu. To było zaskoczenie dla nich obu.

– Ale ten czas leci – powiedział Darek do Sandry, kiedy **składał** jej życzenia. – Pamiętam, jak byłaś taka mała i płakałaś całą noc. Przepraszam za to, jak się dzisiaj zachowywałem. Życzę ci, żebyś była szczęśliwa i żebyście się przeprowadzili do Polski.

– Pożyjemy, zobaczymy – odpowiedziała Sandra i **ułamała** kawałek opłatka. – A ja ci życzę, żebyś przestał bać się samolotów. Może wtedy będziemy się spotykać trochę częściej.

Po życzeniach i otwarciu prezentów cała czwórka usiadła do stołu, na którym było jedzenia dla przynajmniej dziesięciu osób. Był bigos, pierogi z kapustą, kapusta z grochem, barszcz z uszkami i oczywiście ryba, ale nie karp. Łosoś, bo Sandra postanowiła skończyć ze starą tradycją trzymania karpia w wannie. Beata miała na sobie nowe kolczyki, które dostała od męża pod choinkę, Darek miał na sobie nowy krawat od żony. W kilku miejscach w pokoju paliły się świece, a w telewizji nadawano koncert kolęd.

– No to skoro już się wszyscy lubimy, to może mi powiecie, kiedy będę mieć wnuka? – zażartował Dariusz. Beata uśmiechnęła się szeroko, bo już od dawna o tym marzyła. Nie mogła się doczekać odwiedzin małego wnuka albo małej wnuczki.

Thomas popatrzył w talerz, Sandra popatrzyła na Thomasa i powiedziała:

– Właściwie to nie planujemy mieć dzieci. Thomas ma córkę z pierwszego małżeństwa, która odwiedza nas w weekendy i zdecydowaliśmy, że to nam wystarczy.

W tym samym momencie piosenkarka w telewizji głośno zaśpiewała: „Gloria! Gloria! In excelsis Deo!".

1 Zaznacz prawidłową odpowiedź.

Choose the correct answer.

1. Dlaczego Sandra i Thomas przyjechali do Polski?

a) żeby Sandra poznała rodziców Thomasa

b) żeby spotkać się z rodzicami Sandry

c) bo planują się przeprowadzić do Polski

d) bo ojciec Sandry jest chory i to jego ostatnie Boże Narodzenie

2. Kto w tym opowiadaniu ma muchy w nosie?

a) Sandra

b) Thomas

c) Beata

d) Darek

3. Kiedy Darek i Beata zobaczyli Thomasa, byli:

a) podekscytowani

b) zmęczeni

c) zaskoczeni

d) zapracowani

4. Jaki sport Darek lubił oglądać z Sandrą?

a) piłkę nożną

b) skoki narciarskie

c) wyścigi samochodowe

d) siatkówkę

5. Jak skończyła się historia?

a) wszyscy byli szczęśliwi i śpiewali razem kolędy

b) Thomas pił wódkę z Darkiem

c) Darek i Beata byli rozczarowani

d) Sandra powiedziała, że będą mieli z Thomasem dziecko

2 Podpisz obrazki.
Label the pictures.

ryba/karp   barszcz   choinka   makowiec   opłatek

3 Odpowiedz na pytania:
Answer the questions:

1. Kim jest Thomas dla Sandry?

   ..... za *zaręczony* ....

2. Kim jest Sandra dla Thomasa?

   narzeczona

   ....

3. Kim będą Darek i Beata dla Thomasa, kiedy Thomas weźmie ślub z Sandrą?

   teściowie / teść

   ....

4. Kim będzie Thomas dla Darka i Beaty, kiedy weźmie ślub z Sandrą?

   zięć

   ....

4 Wstaw czasowniki z listy w odpowiedniej formie:
Complete the sentences with the correct form of the verbs from the list:

zmarznąć · pukać · wyszeptać · ściszyć · dzielić się · wtrącać się · wstydzić się ·
przebrać się · kłamać · udawać

1. Czy możesz trochę .... te kolędy? Głowa mnie boli.

2. Nie chcę .... opłatkiem z wujkiem Stefanem, bo on jest rasistą.

3. Rodzice co roku ...., że zwierzęta mówią w Wigilię.

4. Ale ....! Mam nadzieję, że nie zachoruję. Czy możesz zrobić mi gorącej herbaty?

5. W następne Halloween .... za nauczycielkę polskiego. Nie ma nic straszniejszego!

6. Marek! Pamiętaj, żeby .... zanim wejdziesz do łazienki. Trochę kultury!

7. „Kocham cię" .... Tomek swojemu kotu do ucha, a potem pocałował go w nos.

8. Natalia .... powiedzieć rodzicom w Wigilię, że 6 miesięcy temu straciła pracę.

9. Nie chcę ...., ale nie powinieneś tak traktować swojej żony.

10. Moja rodzina i ja tylko raz w roku, na Boże Narodzenie ...., że się lubimy.

5 **W jakiej sytuacji powiesz:**
In what situation would you say:

1. Jakie to pyszne!

   ....

   ....

2. Nie mogę się doczekać wieczora!

   ....

   ....

3. Jakie to ma znaczenie?

   ....

   ....

4. Ale ten czas leci.

   ....

   ....

5. Pożyjemy, zobaczymy.

   ....

   ....

6. To moja wina.

   ....

   ....

7. Nie o to chodzi!

   ....

   ....

SŁOWNICTWO

dowiedzieć się – to get to know sth
dzielnica – district
grzejnik – radiator
jedyny – the only
klepać / poklepać – to pat
kłamać / skłamać – to lie
lizus (osoba, która się podlizuje)
   – boot-licker
łamać / ułamać – to break / to break off
makowiec – poppyseed cake
marznąć / zmarznąć – to freeze
Idiom *mieć muchy w nosie* – to have one's
   knickers in a twist
narzeczony – fiancé
nie mogę się doczekać – I can't wait
pasterka – Christmas midnight Mass
piegi – freckles
powtórka – repetition / revision
przebierać się / przebrać się – to change
Puchar Świata – World Cup
pukać / zapukać – to knock
serce bije – the heart is beating
silnik – engine
składać / złożyć życzenia
   – give one's best wishes
skoki narciarskie – ski jumping (pl)
spełnić marzenie – to make a dream come true
szeptać / wyszeptać – to whisper
sztuczny uśmiech – fake / artificial smile
ściszać / ściszyć – to turn down
udawać / udać – to pretend
uspokój się – calm down
wsiadać / wsiąść – to get on / to get in
   (a vehicle)
wstydzić się – to be embarrassed
wtrącać się / wtrącić się
   – to interrupt a conversation
wyobrażać sobie / wyobrazić sobie
   – to imagine
zazdrosny – jeleaous
złość – anger

2 *Autostop* [czasowniki ruchu, zainteresowania: sport]

Kiedy Mariola obudziła się w szpitalu, lekarze powiedzieli jej, że prawdopodobnie już nigdy nie będzie chodzić. „Chodzić?! – pomyślała Mariola. – Przecież za dwa tygodnie jest maraton!".

Mariola biegała od pięciu lat. Najpierw robiła to, bo miała w życiu dużo stresu – najpierw doktorat, później rozwód. Potem biegała, bo nie mogła bez tego żyć. W ciągu pięciu lat przebiegła cztery maratony i dziewięć półmaratonów. Uwielbiała to!

Pewnego wieczoru właśnie trenowała do maratonu. Jak codziennie wieczorem biegła **chodnikiem**. Na osiedlu było zwykle pusto, spokojnie. **Skręciła** w lewo, żeby przebiec przez ulicę i właśnie w tym momencie **nadjechał** sportowy samochód. Nie jechał bardzo szybko, ale kierowca nie zobaczył Marioli i **uderzył** w nią. Przewróciła się, **straciła przytomność** i obudziła się dopiero w szpitalu. Miała złamane obie nogi w kilku miejscach.

Rehabilitacja trwała miesiącami, ale Mariola **się** nie **poddawała**. Codziennie wstawała pełna energii, bo cały czas wierzyła, że jeśli będzie ćwiczyć wystarczająco intensywnie, będzie mogła chodzić. A może nawet biegać. Nikt inny w to nie wierzył, nawet lekarze, więc czasem była sfrustrowana. Włączała wtedy piosenki Smolika i trochę się uspokajała.

W końcu po półtora roku zaczęła chodzić na spacery. Najpierw potrzebowała laski i po stu metrach była zmęczona jak po maratonie. Codziennie szła coraz dalej, aż w końcu czuła, że jest gotowa na dłuższą **wędrówkę**. Wiedziała już, że z powodu metalowego elementu w stopie nie będzie mogła biegać, ale na szczęście mogła wędrować. Znalazła kilkukilometrową **trasę** w lesie, zaplanowała **przystanki**, spakowała lekki plecak i kupiła bilet na autobus.

Pogoda była idealna na długi spacer po lesie. Kiedy Mariola weszła do lasu, było w nim dość dużo ludzi. Szła sama **wzdłuż** rzeki i cieszyła się naturą. Świeciło słońce, ale było dość zimno. Drzewa miały różne kolory, a na ziemi leżały liście, które wyglądały jak stary, kolorowy dywan. Mariola **oddychała** głęboko, **szła przed siebie** i myślała o tym, jakie piękne jest życie. „Dziękuję, że mogę chodzić", myślała.

Im dłużej szła, tym więcej osób widziała, głównie rodziny z dziećmi. Dzieci głośno krzyczały i śmiały się, więc zdecydowała, że zmieni trasę. Skręciła w lewo i weszła do mniej popularnej części lasu. Była w niej kilka razy wcześniej, więc znała ją już dobrze. A przynajmniej tak jej się wydawało.

Po jakimś czasie relaksującego spaceru Mariola zdała sobie sprawę, że na drzewach już nie ma symboli szlaku. Zawróciła, ale nie wiedziała już, czy idzie w dobrym kierunku. Miała nadzieję, że GPS w telefonie pomoże jej znaleźć drogę, ale nie miała zasięgu. Zdenerwowała się i zaczęła iść coraz szybciej. W pewnym momencie potknęła się na mokrych liściach i upadła. Natychmiast zaczęła ją boleć noga. Z trudem wstała, wzięła tabletkę przeciwbólową i powoli szła dalej. Co kilka minut musiała robić przystanki i głęboko oddychać. W końcu udało jej się dojść do głównej ścieżki, ale zrobiło się już późno i ciemno. Nad rzeką nie było już nikogo. Zamiast głosów dzieci słyszała tylko szum wody i dziwne dźwięki ptaków. Kiedy wyszła z lasu i doszła na przystanek autobusowy, okazało się, że ostatni autobus odjechał dziesięć minut wcześniej. „Cholera! – pomyślała. – Co ja mam teraz zrobić?!". Do najbliższej wsi było przynajmniej dziesięć kilometrów. Noga bardzo ją bolała i nie było szans na tak długi spacer. Usiadła na przystanku, wypiła z termosu resztę zimnej już herbaty, zjadła Pawełka[1] z rumem, założyła rękawiczki i myślała intensywnie, do kogo może zadzwonić. Nikt z jej znajomych nie miał samochodu. Jej rodzice byli na wakacjach. Taksówka kosztowałaby za dużo.

Musiała po prostu spędzić noc na przystanku i zaczekać aż nadjedzie pierwszy autobus następnego dnia. Nie była to miła perspektywa, ale Mariola nie miała wyboru. Mogła jeszcze próbować łapać autostop, ale przeczytała w szpitalu zbyt wiele kryminałów, żeby teraz zaryzykować.

Siedziała przez dwie godziny i próbowała nie zasnąć. Nie chciała wyczerpać baterii w telefonie, więc wyłączyła internet i tylko patrzyła na ciemny las. Był kompletnie inny niż rano. Teraz wyglądał jakby wszystkie potwory, które normalnie mieszkają pod łóżkami dzieci, przyjechały do niego na imprezę. Marioli cały czas się wydawało, że coś się w nim porusza i że słyszy dziwne głosy. Była pewna, że to nie wiatr i nie zwierzęta. Chyba jeszcze nigdy w życiu tak bardzo się nie bała.

Nagle zobaczyła dwa światła. Samochód jechał w jej stronę. Nie myślała za wiele. Wstała, podbiegła do ulicy i pomachała do kierowcy. Zdziwiła się, że od razu się zatrzymał.

Za kierownicą siedział mężczyzna, który wyglądał jak niski i gruby Hulk Hogan. Był łysy, ale za uszami i z tyłu głowy miał długie, białe włosy. Kiedy Mariola wsiadła, ściszył radio, ale dalej słychać było piosenkę Rynkowskiego.

---

[1] Popularny baton czekoladowy.

– Dokąd jedziemy?

– Najlepiej do Lublina. Mam nadzieję, że pan też jedzie w tym kierunku.

– Hmm… no dobra. Odwiozę cię do Lublina, bo chyba żadnego autobusu o tej porze nie będzie.

– Bardzo dziękuję – powiedziała grzecznie Mariola i zapięła pas. Samochód zaczął jechać, a ona dopiero teraz mogła zaobserwować, że jego kierowca nie był typową osobą. W samochodzie był bałagan. Pod jej nogami leżały butelki po coli. Przed nią stał brązowy pies i kiwał głową, jakby zgadzał się z Rynkowskim, że „dziewczyny lubią brąz, a słońce o tym wie". Obok pieska leżała książka. Mariola przeczytała tytuł napisany małymi literami. *Księgi Jakubowe*. Tokarczuk – pomyślała. – Ambitnie!". Popatrzyła na kierowcę, który nie wyglądał na intelektualistę. On też popatrzył na nią i uśmiechnął się:

– Próbowałem czytać, ale trochę dla mnie za trudne. Każde zdanie czytałem kilka razy, a potem i tak niczego nie rozumiałem. Myślisz, że jestem głupi?

Mariola najpierw nie skomentowała, ale potem pomyślała, że to niegrzeczne, więc odpowiedziała.

– Ja też nie przepadam za Tokarczuk. Wolę Żulczyka.

– Nie znam. – Kierowca skończył temat i włożył sobie do ust różową żelkę w kształcie pająka. Między fotelami leżało duże opakowanie żelek halloweenowych.

– Częstuj się – zaproponował mężczyzna. – Ja rzuciłem ostatnio palenie i teraz ciągle muszę coś jeść. Czytałem, że żelki są dobre na kolana, bo mają kolagen.

– Mhm… tak, chyba tak. – Mariola dalej siedziała zestresowana i obserwowała wnętrze samochodu. Nagle w lusterku zobaczyła, że na tylnym siedzeniu leży duży czarny worek i łopata. Serce zaczęło jej bić jak Dzwon Zygmunta. Na pewno był mordercą, który proponował samotnym kobietom podwiezienie samochodem, a potem zabierał je gdzieś do lasu i mordował. Może też torturował! Nie chciała umrzeć! W głowie Marioli było teraz milion scenariuszy. Mogła po prostu otworzyć drzwi i wyskoczyć z samochodu. Niestety nadal byli daleko od cywilizacji, a samochód jechał bardzo szybko. Mogła też zaatakować go pierwsza, ale to on był kierowcą i jeśli Hulk Hogan nie będzie mieć kontroli nad samochodem, to będą mieć wypadek i oboje umrą. Dziewczyna otworzyła plecak i wyjęła z niego swoje klucze od domu. Nie miała nic innego, czym mogłaby się obronić. Mężczyzna, który ciągle jadł żelki, zobaczył to.

– Och, zobaczyłaś worek i łopatę? – Zaśmiał się głośno. Mariola była cała blada i było jej gorąco. – Nie martw się, nie jeżdżę po wsiach i nie morduję dziewczyn, które spóźniły się na autobus. Łopatę mam, bo musiałem pomóc zięciowi w ogrodzie, a w worku są ubrania dla dzieci sąsiadki. Moja córka ma trójkę: dwie dziewczynki i chłopca, a sąsiadka właśnie urodziła dziecko. – Mariola co chwilę patrzyła to na mężczyznę, to na worek w lusterku, to na drzwi samochodu, to na drogę. Wcale nie wierzyła w to, co mówił kierowca.

– Masz dzieci? – zapytał mężczyzna.

– Nie.

– A chcesz mieć?

– Nie wiem.

– Powinnaś już wiedzieć – powiedział, włączył światło i popatrzył na Mariolę. – Chyba masz trochę więcej niż dwadzieścia lat. Ale ja ci powiem, że w sumie to dobrze, że nie jesteś jak moja córka. Pierwsze dziecko urodziła w liceum. Teraz ma trójkę, męża idiotę, nie ma pracy. A tyle lat jej mówiłem: „Ucz się. Czytaj książki. Kobiety teraz mogą robić to, co mężczyźni, a może jeszcze więcej!". Niestety mnie nie posłuchała. Generalnie uważam, że kobiety powinny rządzić światem. Patrz na kraje, gdzie kobiety są prezydentami czy premierami. Taka Nowa Zelandia albo Finlandia: źle im się tam mieszka? Nie! Bardzo dobrze im się tam mieszka. Według mnie kobiety są inteligentniejsze od mężczyzn, dużo bardziej ambitne i empatyczne. To na pewno. A Ty studiowałaś coś?

Mariola patrzyła na mężczyznę w szoku. Z jednej strony Rynkowski, łopata i worek, z drugiej strony Tokarczuk i feminizm. Dziwny facet. Bała się go już trochę mniej, ale dalej marzyła, żeby się zatrzymał i żeby mogła wysiąść.

– Tak, neurobiologię.

– Ambitnie! Jak córka mojego kuzyna Wieśka. Mądra dziewczyna, ale nie ma zbyt dużo szczęścia. Najpierw zostawił ją mąż dla młodszej i ładniejszej kobiety, a potem miała wypadek i chyba nigdy nie będzie chodzić. Biedna dziewczyna. To może już moja córka jest szczęśliwsza. Głupia, ale chyba szczęśliwa.

„Nie wierzę…", myślała Mariola i patrzyła na swoje buty. „Gruby Hulk Hogan to wujek Zenek, a ja jestem biedną, nieszczęśliwą córką kuzyna Wieśka. No ładnie…"

Przez chwilę nikt nic nie mówił. Słychać było tylko plastikową paczkę żelek i głos Maryli Rodowicz z radia. Piesek na desce dalej bawił się świetnie. Mariola miała nadzieję, że wujek jej nie rozpozna do końca drogi. Nie udało się. Po kilku minutach ściszył radio i powiedział głośno:

– O mój Boże! Przecież to ty! Dlaczego nic nie powiedziałaś? Nie widziałem cię od lat! – Podekscytowany mężczyzna śmiał się i klepał Mariolę po ramieniu. Przez następne pół godziny drogi do Lublina słuchała lekcji o tym, jak znaleźć idealnego mężczyznę, uratować planetę przed katastrofą klimatyczną i dlaczego tak ważne jest, żeby codziennie rano pić szklankę gorącej wody z cytryną. Kiedy dojechali na miejsce, Mariolę bolała nie tylko noga, ale też głowa.

– Dobrze było cię spotkać! Pozdrów rodziców! Musicie nas kiedyś odwiedzić – powiedział wujek Zenek na pożegnanie.

– Oczywiście! – odpowiedziała Mariola ze sztucznym uśmiechem. „Niech wujek nie wozi łopaty i worka na tylnym siedzeniu!" chciała dodać, ale powiedziała tylko: – Dziękuję za podwiezienie! Dobranoc. – A potem weszła do bloku i zaczęła się cicho śmiać.

1 Odpowiedz na pytania:
Answer the questions:

1. Jaki sport uprawiała Mariola przed wypadkiem?
....

2. Kto wierzył w to, że Mariola będzie chodzić?
....

3. Dokąd pojechała Mariola na pierwszą dłuższą wędrówkę?
....

4. Dlaczego Mariola nie mogła wrócić do domu autobusem?
....

5. Dlaczego Mariola bała się mężczyzny w samochodzie?
....

6. Kim dla Marioli był Zenek?
....

2 Zgadnij, o jakie słowo chodzi.
Guess the word.

1. Ł _ _ _ _ _ – narzędzie do kopania
2. G _ _ _ – dźwięk, który wydają ludzie i zwierzęta
3. P _ _ _ _ _ – straszna postać z horrorów lub koszmarów
4. L _ _ _ _ – narzędzie, które pomaga chodzić starszym ludziom
5. CH _ _ _ _ _ – „ulica" dla pieszych
6. W _ _ _ _ – rodzaj plastikowej torby; zwykle jest w śmietniku
7. Ż _ _ _ _ – „gumowe" słodycze
8. SZ _ _ – dźwięk rzeki, starego telewizora lub radia
9. W _ _ _ _ _ _ _ – długi spacer po lesie lub po górach

3 Jaki czasownik pasuje do podanych słów? Poszukaj ich w tekście.
Which verbs in the text go with these words?

1. Autostop – ....
2. Radio – ....
3. Pas – ....
4. Przytomność – ....
5. Plecak – ....
6. Głowa – ....

4 Wpisz do zdań czasownik z listy w odpowiedniej formie.
Complete the sentences with the correct form of the verbs from the list.

dojechać x2 · przyjechać · podejść · iść · jeździć · przebiegać · nadjechać

1. Kiedy autobus w końcu ...., była już 12:46.
2. „................................ do celu" powiedział głos w GPS-ie.
3. Nie wolno .... przez ulicę. To niebezpieczne.
4. Pielęgniarka .... do łóżka pacjenta i zapytała, czy czegoś potrzebuje.
5. Dzieci .... wzdłuż rzeki i śpiewały.
6. Nie wolno .... hulajnogą po chodniku!
7. Policja .... dopiero po 30 minutach, kiedy złodzieja już nie było.
8. Kiedy .... do Lublina, było już ciemno.

5 Co zrobisz w tych sytuacjach?
What would you do in these situations?

1. Jesteś kierowcą. Chcesz dojechać do katedry. Twój GPS nie działa.

   ....

2. Jesteś w polskich górach. Nagle zaczyna mocno padać deszcz, a ty nie masz płaszcza przeciwdeszczowego.

   ....

3. Jesteś w lesie. Twoja partnerka przewróciła się i nie może iść dalej.

   ....

4. Jechałeś autostopem i zostawiłeś w samochodzie swój plecak.

   ....

SŁOWNICTWO

bałagan – mess
bronić się / obronić się – to defend oneself
chodnik – sidewalk
dźwięk – sound
iść przed siebie – to go straight ahead
kierunek – direction
kiwać / pokiwać głową – to nod
laska – cane
łapać / złapać autostop – to hitchhike
łopata – shovel
machać / pomachać – to wave
nadjeżdżać / nadjechać – to come (by car etc.)
oddychać – to breathe
okazało się, że – it turned out that
poddawać się / poddać się – to give up
podwieźć kogoś – to give someone a lift
potwór – monster
potykać się / potknąć się – to stumble
przystanek – stop (for bus / tram)
skręcać / skręcić – to turn
szum – humming
tabletka przeciwbólowa – painkiller
tracić / stracić przytomność – to faint
trasa – route
uderzać / uderzyć – to hit
upadać / upaść – to fall
wędrówka – hike
worek – bag
wybór – choice
wydawać się / wydać się – to seem
wypadek – accident
wzdłuż – along
zapinać / zapiąć pas – to fasten the seatbelt
zasięg – connection / range
zawracać / zawrócić – to take a u-turn
zdawać / zdać sobie sprawę – to realize
żelki – gummy bears / gumdrops

3 *Pani Pelagia* [internet, polskie słodycze]

W rogu jasnego pokoju stało małe biurko, a na nim monitor, klawiatura, myszka, talerzyk z kilkoma kawałkami ptasiego mleczka i kubek z gorącą kawą. Na fotelu przy biurku siedziała niska, starsza kobieta z nadwagą. Pisała szybko na klawiaturze. Jak zwykle po południu pani Pelagia **udzielała rad** obcym ludziom w internecie.

Zaczęło się bardzo prosto. Kiedy syn pani Pelagii skończył czterdzieści lat, **wyprowadził się** w końcu z domu i zostawił jej swój komputer. Na początku nie była zainteresowana. Wolała oglądać telewizję, czytać „Przyjaciółkę" albo „Panią Domu"[1] i **rozwiązywać krzyżówki**. Jednak pewnego dnia w telewizji nie było nic ciekawego i przeczytała już dwa razy wszystkie artykuły w gazetach. **Włączyła** komputer i **przeglądarkę**, tak jak nauczył ją syn. Słyszała od sąsiadki o **portalu społecznościowym**, na którym można znaleźć znajomych. **Założyła konto.** Zajęło jej to bardzo dużo czasu, ale była **uparta**, więc nie **poddawała się** łatwo. Wieczorem miała gotowy profil. Miała nadzieję, że będzie mogła porozmawiać z ludźmi, którzy, tak jak ona, mają dorosłe życie, z kobietami, które tak jak ona lubią gotować i zajmować się domem. „Może – myślała – nawet znajdę w tym internecie przyjaciela?".

Polubiła kilka portali o gotowaniu i domu, a potem algorytmy już **zaczęły robić swoje.** Ciągle dostawała reklamy blogów, vlogów i internetowych magazynów o celebrytach, religii i polityce. Często czytała komentarze i była zaskoczona, jak otwarcie ludzie krytykują innych. Pewnego dnia zobaczyła zdjęcie znanej aktorki, która **była w ciąży**. Kobieta miała na sobie krótką sukienkę z dużym dekoltem. Pani Pelagia była gotowa na swój pierwszy komentarz. „Co z ciebie będzie za matka?", napisała. Wieczorem jej komentarz polubiło 25 osób. Tej nocy poszła spać spokojna i szczęśliwa, że znalazła ludzi, którzy myślą jak ona. Następnego dnia włączyła komputer z samego rana. Była ciekawa, czy ktoś jeszcze zauważył jej komentarz pod postem celebrytki. **Okazało się**, że wiele osób polubiło go, ale tyle samo skomentowało go negatywnie. **„Odczep się** od Ani, głupia babo!", „Sama pewnie nie masz dzieci i dlatego

---

[1] „Pani Domu" i „Przyjaciółka" to popularne magazyny dla kobiet.

takie głupoty piszesz!", „Takie idiotki jak ty nie powinny mieć **dostępu** do internetu!". Krew pani Pelagii się zagotowała. Zrobiła się cała czerwona na twarzy. Im szybciej odpisywała na komentarze, tym szybciej biło jej serce. Kim byli ci okropni ludzie?

Dlaczego ją **obrażali**, skoro nawet jej nie znają? Po kilku godzinach czytania komentarzy kobieta **wyłączyła** komputer i nie planowała już nigdy go włączać. Następnego dnia zaczęła dzień od gazety i kilku delicji[2]. Włączyła telewizor, ale nic ją w nim nie interesowało. Ciągle myślała o dyskusji w internecie. Po kilku godzinach wróciła do **sieci**. Tym razem już się nie **broniła**. Teraz to ona atakowała. „Kiedy ty wybierasz najlepszą maskarę, twoje dzieci bawią się same. Na pewno będą o tym pamiętać, kiedy będą dorosłe", napisała pod postem znanej blogerki. „30 lat młodsza żona? Czy ten stary facet kompletnie zwariował? To jasne, że ona zrobiła to tylko dla pieniędzy", napisała pod postem aktora, który niedawno drugi raz się ożenił. „Jak można do **szarlotki** nie dodać śmietany? To ciasto to jakaś pomyłka. **Obrzydliwe!**", napisała pod filmem vlogerki kulinarnej, chociaż sama od bardzo dawna niczego nie **upiekła**. „Porażka!", „Idiotka!", „W głowie się nie mieści", „Patologia!", „Lenie!". Klawiatura pani Pelagii była gorąca od intensywnej pracy. Z kolejnymi komentarzami przychodziły nowe dyskusje, które nie miały końca. Kobieta dyskutowała z internautami do późnych godzin w nocy, a potem nie mogła zasnąć, bo cała się trzęsła z emocji.

Mijały miesiące pełne ekscytacji, złości i **zazdrości**. Pani Pelagia zaczęła pić więcej kawy, żeby móc kontynuować dyskusje późnymi wieczorami, **przestała** kupować gazety i oglądać telewizję, bo wszystko tam było nudne i nie mogła nikomu opowiedzieć o artykułach, które czytała i programach, które oglądała. **Przytyła** kilka kilo, bo przestała chodzić na regularne spacery. Nie była już kilka miesięcy u fryzjera, więc jej włosy miały teraz dwa kolory – rude na końcach i kompletnie siwe przy głowie. **Zmarszczki** na jej czole były teraz dużo głębsze niż pół roku wcześniej, ale ona tego w ogóle nie widziała. Czuła tylko, że bolą ją plecy, ale kupiła sobie elektryczny masażer i brała codziennie tabletki przeciwbólowe.

Pewnego dnia przeczytała artykuł o nowych cenach za recykling. „To jakiś absurd! Prezydent tego miasta powinien podać się do dymisji". Skomentowała, chociaż nowe prawo miało dotyczyć tylko mieszkańców domów jednorodzinnych, a ona mieszkała w dużym bloku. Niedługo pod jej komentarzem pojawiły się negatywne komentarze. Pelagia odpowiadała na nie tak szybko, jak mogła, ale hejtu było coraz więcej i więcej. W końcu pojawił się też i **rycerz**! Ktoś myślał tak jak ona i pomagał jej w dyskusji. Mężczyzna, który na zdjęciu miał około 60–70 lat, też uważał, że segregowanie śmieci nie ma sensu, bo i tak nikt nic nie robi ze starym plastikiem. Racjonalnie **wyrażał swoją opinię** i krytykował wszystkich, którzy obrażali panią

---

[2] Delicje to popularne ciasteczka z owocową galaretką w czekoladowej polewie.

Pelagię. Ona sama była **zachwycona**. W końcu nie była sama przeciw całemu internetowi. W końcu ktoś, tak jak ona, nie bał się powiedzieć, co myśli, chociaż jego opinia nie była popularna. W następnych tygodniach widziała komentarze Zygmunta pod innymi artykułami. Miała wrażenie, że razem walczą z głupimi, młodymi ludźmi i doskonale się rozumieją. W końcu Zygmunt wysłał jej zaproszenie do znajomych i wiadomość.

Cześć Pelagio!

Czytam Twoje komentarze już od jakiegoś czasu i widzę, że mamy podobne poglądy. Lubię ludzi, którzy nie boją się mówić, co myślą. Jestem emerytem, samotnym **wdowcem**. *Spędzam dużo czasu w internecie, bo nie mam rodziny i zbyt wielu przyjaciół. Interesuję się polityką, ekonomią i trochę psychologią. Może moglibyśmy od czasu do czasu porozmawiać przez maila albo telefonicznie?*

Pozdrawiam

Zygmunt

Och, jaka podekscytowana była Pelagia, kiedy dostała tę wiadomość! Czuła się jak młoda dziewczyna, której kolega z klasy zostawił w plecaku notatkę z narysowanym sercem! **Ostrożnie** dobierała słowa w odpowiedzi, żeby nie pokazać Zygmuntowi, jak bardzo jest podekscytowana.

Drogi Zygmuncie,

bardzo się cieszę, że napisałeś. Ja sama już dawno chciałam to zrobić, ale nie miałam odwagi pisać do obcych ludzi. Masz rację – chyba mamy wiele wspólnego. Ja również jestem emerytką. Mam syna, ale rzadko mnie odwiedza, bo jest zajęty swoją rodziną. Jestem bardzo ciekawa twoich opinii na inne tematy niż te, które już razem przedyskutowaliśmy w komentarzach. Co myślisz na przykład na temat tego nowego, okropnego muzeum nad Wisłą? Czy nie ładniej to miejsce wyglądało, kiedy stały tam małe domy sprzed 100 lat? Zabierają nam stary Kraków i już nic nie będzie takie samo. Smutne to…

Uściski

Pelagia

Od tej pory Pelagia i Zygmunt zaczęli do siebie pisać prawie codziennie. Nic nie było dla Pelagii tak ekscytujące jak nowa wiadomość z samego rana od nowego przyjaciela. Mieli takie same opinie na prawie wszystkie tematy. Jej mąż od dawna nie żył. Jego żona umarła kilka lat temu. Tak wiele ich łączyło! Pelagia bała się trochę, że pewnego dnia Zygmunt będzie chciał się spotkać. Mieszkał co prawda kilkadziesiąt kilometrów od Krakowa, ale mógł bez problemu przyjechać do miasta, kiedy nie była na to gotowa. Pelagia zaczęła dietę i umówiła się w końcu do fryzjera. Nie chciała, żeby Zygmunt zobaczył ją jako brzydką, starą kobietę, ale jako inteligentną i elegancką starszą panią. Zygmunt jednak nie proponował spotkania. Pelagia kilka razy sugerowała wizytę, ale mężczyzna ciągle miał jakieś **wymówki**. Zaczęło ją to irytować i w końcu we wtorek napisała, że w weekend będzie piękna pogoda, a maj to idealny czas na spacery po Plantach, więc może się w końcu poznają? Zgodził się.

Umówili się, że Zygmunt przyjedzie w piątek wieczorem, Pelagia **odbierze go z dworca**, a potem pójdą coś zjeść. Kobieta była bardzo podekscytowana i wyobrażała sobie milion scenariuszy ich spotkania. We wszystkich Zygmunt był szarmancki, zabawny i uroczo się uśmiechał. Czuła się trochę jak nastolatka, ale ponieważ już dawno nie była zakochana, pozwoliła sobie na te przyjemne uczucia.

W środę Zygmunta nie było online. Nie odpisywał ani na wiadomości na Facebooku, ani na mejle. Pani Pelagia przestraszyła się, że może za bardzo na niego naciskała. Może powinna była dać mu więcej czasu. Prawdopodobnie spanikował i już nigdy więcej się z nią nie skontaktuje. Wieczorem było jej tak smutno, że zjadła przed telewizorem całe opakowanie krówek[3].

Mijały dni, a Zygmunta dalej nie było. Sprawdzała pocztę codziennie, często kilka razy dziennie. Na jego Messangerze była informacja „ostatni raz dostępny 4 dni temu". Samotne walki w komentarzach wydawały jej się teraz bardzo nudne, czasem tylko napisała coś krótkiego jak: „Jesteś tak gruba, że nie powinnaś jeździć windą z innymi ludźmi", ale nie miała potem ochoty kontynuować dyskusji z komentatorami. W końcu, po tygodniu, zadzwonił. Nigdy wcześniej nie rozmawiali ze sobą, więc kiedy Pelagia zobaczyła imię Zygmunta na ekranie telefonu, miała serce w gardle. **Odebrała.**

– Przepraszam moja kochana – mówił mężczyzna. Jego głos był niski, przyjemny i dość młody. – Nie uwierzysz, co się stało.

– Musisz mieć naprawdę dobrą wymówkę…

– Mam! Spędziłem ostatni tydzień w szpitalu.

– O Boże! – Pelagia była zaskoczona – Co się stało?! Atak serca?

– Nie, gorzej. Pamiętasz, jak ci opowiadałem, że mój syn miał kłopoty finansowe w firmie i musiał wyjechać za granicę? No więc okazało się, że w Polsce ma długi. Dwanaście tysięcy złotych długów, ale niestety nie w banku. Pożyczył je od jakiegoś gangu. W środę jacyś dziwni mężczyźni przyszli do mnie, pytali o syna, pytali o pieniądze, a w końcu mnie pobili. Złamali mi nos i nogę! Właśnie dlatego nie mogłem przyjechać do Krakowa w weekend. Bardzo cię przepraszam.

– Nie przepraszaj! Bardzo mi przykro, że tak się stało. Co za okropni ludzie chodzą po tym świecie. Dałeś im pieniądze?

---

[3] Polskie cukierki z mleka i cukru.

– Nie, nie mam tyle. Mam może trzy tysiące na koncie, bo spłacam kredyt córki i nie mam z czego oszczędzać.

– O cholera. Myślisz, że wrócą?

– Na pewno. Powiedzieli, że będą wracać, aż w końcu im oddam całą kwotę.

– Musisz się wyprowadzić!

– **To nic nie da.** Tacy ludzie znajdą mnie wszędzie.

Pelagia trzymała telefon przy uchu i myślała. W zeszłym roku wygrała na loterii samochód. Sprzedała go, bo nie był jej potrzebny, a pieniądze wpłaciła na **konto**. Teraz leżały na koncie i czekały. Planowała w przyszłym roku pojechać na rejs statkiem dookoła świata, jak w tym amerykańskim serialu *Statek Miłości*, ale w tej sytuacji wiedziała, co powinna zrobić.

– Mam pomysł. Pożyczę ci te pieniądze.

– Nie żartuj! Przecież prawie się nie znamy. Nie można pożyczać pieniędzy obcym osobom. Sama wiesz, jak wielu **oszustów** chodzi po świecie.

– Znamy się już trochę. Znam historię twojej rodziny, wiem, gdzie mieszkasz. Nie martw się, nie jestem jakąś naiwną idiotką. Nie chcę, żeby ci gangsterzy cię zabili. Słuchaj, może przyjadę do Tarnowa i dam ci te pieniądze?

– Och, nie chcesz mnie teraz widzieć. Moja twarz… wyglądam jak Frankenstein. Hm… może **przelew** internetowy?

– Wiesz, że nie mam konta internetowego. Nie ufam bankom w internecie.

– Hm… Może… Może poproszę mojego sąsiada, który pracuje w Krakowie, żeby przyjechał do ciebie po pracy i odebrał te pieniądze?

Pelagia zgodziła się. Było jej bardzo żal Zygmunta. Miał takie wielkie serce i był taki życzliwy, a jego dzieci wykorzystywały go finansowo od wielu lat. Miał niską emeryturę, bo był emerytowanym nauczycielem i ledwie wiązał koniec z końcem. Teraz ta historia z gangsterami…

Jeszcze tego samego dnia Pelagia poszła do bankomatu i wybrała wszystkie pieniądze z konta oszczędnościowego. Po południu zapukał do niej sąsiad Zygmunta, elegancki młody mężczyzna w garniturze. Porozmawiali chwilę w drzwiach, Pelagia dała mu kopertę z gotówką i wróciła do mieszkania, gdzie czekał na nią Facebook, herbata oraz kremówka[4], którą kupiła w ulubionej cukierni po drodze z banku. Napisała do Zygmunta wiadomość, że wszystko poszło zgodnie z planem, a jego sąsiad to bardzo sympatyczny człowiek. Zygmunt nie odpisał. Chwilę potem jego konto na Facebooku **zniknęło**. Nie odpowiadał na mejle. Pelagia siedziała przed monitorem, patrzyła na napis „Ten **użytkownik** nie istnieje" i nie mogła oddychać.

---

4 Ciasto z kremem. Szczególnie znane, bo lubił je papież Jan Paweł II.

1 Zaznacz – prawda czy nieprawda?
True or false?

	PRAWDA	NIEPRAWDA
1. Pelagia była kobietą w średnim wieku.		
2. Pelagia przytyła.		
3. Zygmunt był kolegą Pelagii ze studiów.		
4. Zygmunt naprawdę lubił Pelagię.		
5. Zygmunt oszukał Pelagię.		

2 Wpisz słowa do odpowiednich kategorii.
Put the words given in the right categories.

sieć · dług · kremówka · dostęp · oszust · ptasie mleczko · krówki · przeglądarka ·
konto x2 · użytkownik · internauta · klawiatura · szarlotka ·
zaproszenie do znajomych · wiadomość · gotówka · przelew · bankomat · delicje

SŁODYCZE	FINANSE	KOMPUTER

3 Który komentarz pasuje do zdjęcia?
Which comment matches the picture?

1. Nie mówiłaś, że jedziesz do Azji! Widzę, że było wspaniale!
2. Gratulacje! Wszystkiego dobrego na nowej drodze życia!
3. Jaki słodki! Kupiliście go czy adoptowaliście?
4. Ach, to były wspaniałe czasy. Pamiętasz panią Mróz od matematyki?
5. Świetna inicjatywa! Czy mogę do was dołączyć?
6. Wspaniale wyglądasz! Kiedy masz termin?

4 Który, kto czy co? Podkreśl prawidłowy zaimek.

Który, kto or co? Underline the correct pronoun.

1. Jak mogę się dowiedzieć, kim naprawdę jest użytkownik, *który / kto* mnie ciągle obraża?
2. Oszust to ktoś, *który / kto* nie mówi prawdy i robi coś złego w sekrecie.
3. Wdowiec to człowiek, *którego / kogo* żona umarła.
4. Rycerz był mężczyzną, *który / kto* jeździł konno i nosił metalową zbroję.
5. Musisz wymyślić hasło, *którego / czego* nikt nie będzie znał.
6. Zazdrość czuje ktoś, *który / kto* nie jest pewny, że jego partner go kocha i jest wierny.
7. Jedzenie, *które / co* ma za dużo soli jest niesmaczne.
8. Dostęp do tego konta ma tylko ktoś, *który / kto* je otworzył.

5 Dokończ zdania tak, żeby były o tobie.

Complete the sentences to describe yourself.

1. W głowie się nie mieści, że ....
....
....
2. Bardzo mi przykro, że ....
....
....
3. To jakiś absurd! ....
....
....
4. Okazało się, że ....
....
....

SŁOWNICTWO

bronić / obronić – to defend
być w ciąży – to be pregnant
dostęp – access
konto – (saving) account / (facebook / social media) account
obrażać / obrazić – to offend
obrzydliwe – disgusting
odbierać / odebrać – to pick (sb / sth) up
odczepić się od kogoś – to get off one's back / to buzz off
odebrać kogoś z dworca – to pick somebody up from the railway station
okazać się – to turn out
ostrożnie – carefully
oszust – cheat / scammer
piec / upiec – to bake
poddawać się / poddać się – to give up
portal społecznościowy – social media portal
przeglądarka – browser
przelew – bank transfer / wire transfer
przestawać / przestać – to stop
rozwiązywać krzyżówki – to solve crosswords
rycerz – knight
sieć – internet
szarlotka – apple pie
to nic nie da – it is not going to work / it doesn't help
tyć / przytyć – to put on weight
udzielać / udzielić rady – to give advice
uparty – stubborn
użytkownik – user
wdowiec – widower
włączać / włączyć – to turn (sth) on
wyłączać / wyłączyć – to turn (sth) off
wymówka – excuse
wyprowadzać się / wyprowadzić się – to move out
wyrażać swoją opinię – to express one's opinion
zachwycać się – to admire
zacząć robić swoje – start doing your bit / start doing your own thing
założyć konto – to open an account
zazdrość – envy / jealousy
zmarszczki – wrinkles
znikać / zniknąć – to disappear

4. *Tajemnicza sąsiadka* [*relacje międzyludzkie, zainteresowania: muzyka*]

„Auć!", krzyknął Łukasz, kiedy kanapa spadła mu na stopę. On i jego żona **przeprowadzali się** dzisiaj do starej, ale **odnowionej** kamienicy bez windy. Ich nowe mieszkanie było na czwartym piętrze, a budynek, chociaż miał piękną **klatkę schodową,** miał też **śliskie,** niewygodne schody. Od rana oboje nosili na górę pudełka, walizki i torby, a po południu przyszedł czas na najcięższy mebel, jaki mieli – kanapę, którą Małgosia, żona Łukasza, dostała w prezencie od babci. Kanapa nie była ani ładna, ani wygodna, ale za to bardzo ciężka. Łukasz od dawna chciał kupić nową, ale Małgosia się nie zgadzała.

– Co się stało? – zapytała Małgosia.

– **Przestraszyłem się.** Nie słyszałaś?

– Czego nie słyszałam?

– Ktoś krzyczał albo śpiewał.

– Niczego nie słyszałam.

– OK. Idziemy dalej. Szkoda czasu.

W nowym mieszkaniu było dużo więcej miejsca niż w poprzednim. Wcześniej mieszkali w jednopokojowym mieszkaniu w komunistycznym bloku. Ich kuchnia była bardzo mała. Nie było tam nawet miejsca dla dwóch osób, więc śniadanie zawsze jedli w salonie przed telewizorem. Teraz mieli dużą kuchnię z drewnianym stołem pośrodku, zmywarkę, lodówkę z zamrażalnikiem, a nawet miejsce na **blacie** na mikrofalówkę i ekspres do kawy! Z tego ostatniego najbardziej cieszyła się Małgosia, która nie mogła zacząć dnia bez kubka gorącej kawy z mlekiem, chociaż próbowała teraz pić jej trochę mniej, bo była w ciąży i nie chciała, żeby jej dziecko **od małego** potrzebowało kofeiny i cukru. Dziecko było kolejnym powodem przeprowadzki. Łukasz i Małgosia teraz mieli dodatkową sypialnię, z której planowali zrobić pokój dziecka. Po przeprowadzce spędzali w niej sporo czasu. Małgosia malowała na ścianach zwierzęta i zabawki, a Łukasz próbował odnowić starą i trochę **zniszczoną** podłogę.

Pewnej nocy, kiedy oboje zmęczeni pili herbatę, Łukasz znowu usłyszał dziwny **głos.**

– Słyszysz teraz? To ten sam głos. Ktoś chyba śpiewa!

Małgosia postawiła herbatę obok siebie na podłodze i zaczęła intensywnie nasłuchiwać.

– Masz rację. Chyba jakaś kobieta śpiewa. Nie rozumiem słów, ale melodia ładna. Smutna, ale ładna.

– **Skądś** znam tę melodię, ale nie jestem pewien skąd.

Przez następne miesiące para jeszcze kilka razy słyszała sąsiadkę, która zawsze śpiewała tę samą piosenkę. Za każdym razem Łukasz próbował usłyszeć, z którego mieszkania **dochodził głos**. Czasem wydawało mu się, że kobieta śpiewa na dole, a czasami, że w mieszkaniu obok. Jeden raz udało mu się ją **nagrać**. Wysłał **nagranie** swojej mamie, bo miał nadzieję, że ona będzie wiedziała, skąd on zna tę melodię. Mama szybko oddzwoniła.

– **Wieki** nie słyszałam tej piosenki! Moja mama śpiewała mi ją, kiedy byłam dzieckiem, a potem ja tobie! Nie pamiętam **tytułu**, ale chyba coś z gwiazdami. Może *W drodze do gwiazd* albo *Nie po drodze mi do gwiazd*?

– A kto ją śpiewał? Pamiętasz, jak nazywała się piosenkarka?

– Nie… chyba nie była żadną znaną piosenkarką. Twoja babcia była jeden raz na festiwalu piosenki w Opolu[1] i tam ją usłyszała, ale ja nie pamiętam, jak się nazywała.

Łukasz cały wieczór spędził przed komputerem. Szukał na YouTubie piosenek z festiwalu w Opolu ze słowem „gwiazda" w tytule. Razem z Małgosią **przesłuchali** kilkadziesiąt starych **przebojów**. Przy okazji okazało się, że oboje znają na pamięć wiele refrenów i dobrze się bawią we dwoje przy muzyce z lat sześćdziesiątych i siedemdziesiątych. Małgosia powoli już zasypiała, a Łukasz kończył butelkę wina, kiedy kliknął piosenkę *Na niebie pełnym gwiazd*. Na wideo młoda dziewczyna w białej sukience **bez ramiączek**, o falowanych blond włosach stała na scenie i śpiewała z zamkniętymi oczami. Była szczupła i wysoka. Delikatnie ruszała się w rytm melodii. Po kilku minutach skończyła, a **widownia** zaczęła bardzo głośno **bić brawo**. Kobieta uśmiechnęła się i nagranie się skończyło.

– To ta piosenka, Gosiu! Jestem pewien!

– Tak, masz rację. Ta sama. Mam też wrażenie, że nasza sąsiadka śpiewa ją identycznie… Może… może to ona?

– Myślisz? W **opisie** wideo nie ma jej nazwiska, ale ktoś w komentarzu napisał, że nazywa się Krystyna Wolińska. Widziałaś nazwisko Wolińska przy drzwiach do klatki?

– Nie, Sherlocku, nie widziałam. Jeśli tak bardzo chcesz wiedzieć, możemy zapytać innych sąsiadów, ale jutro. Dzisiaj już **pora spać** – powiedziała Małgosia i pogłaskała Łukasza po głowie.

Łukasz nie dawał za wygraną. Następnego dnia po pracy spędził kilka minut w holu i czytał nazwiska na **skrzynkach na listy**.

---

[1] Znany festiwal polskiej muzyki popularnej.

– Kogo pan szuka? – zapytał siwy emeryt, który trzymał na **smyczy** miniaturowego pudla.

– Pani Wolińskiej może?

– Mieszkam w tym bloku już 50 lat, ale nikogo o tym nazwisku nie znam.

– A wie pan może, która sąsiadka śpiewa od czasu do czasu taką smutną piosenkę? – Łukasz zanucił melodię, która grała mu w głowie od kilku tygodni.

– Ach! Ta **wariatka**! Też pan nie może przez nią spać? Już dawno mówiłem administracji, że trzeba z nią coś zrobić. Chociaż teraz to już spokój jest, bo chyba już nie ma siły na koncerty. Dwadzieścia lat temu codziennie śpiewała tę jedną piosenkę na balkonie. Przez kilka godzin to samo! **Można oszaleć!**

– Wie pan, jak się ona nazywa?

– Trębacz. Trzecie piętro po lewej, ale niech pan nawet nie próbuje rozmawiać. Nikomu nie otwiera.

– Dziękuję panu bardzo.

– Nie ma za co. Miłego dnia!

Łukasz podekscytowany pobiegł na górę, żeby opowiedzieć Małgosi o swoim **odkryciu**. Znalazł ją w kuchni. Siedziała na krześle. Miała szeroko otwarte oczy i **bladą** twarz.

– Jedziemy do szpitala! – powiedziała.

Kilka godzin później urodził się Filip. Krzyczał i płakał tak często, i tak głośno, że jego rodzice przez wiele następnych tygodni nie słyszeli ani piosenki, ani nawet własnych myśli. Pediatra mówił, że z Filipem wszystko było w porządku, po prostu miał taki charakter – lubił śpiewać. Pewnej nocy zmęczona Małgosia chodziła po pokoju z synem na rękach, ale on nie przestawał płakać. W końcu Łukasz też się obudził, zobaczył, że jego żona wygląda jak duch, który zaraz eksploduje z frustracji i zmęczenia. Wziął od niej dziecko i zamknął się z nim w kuchni, żeby Małgosia mogła spokojnie zasnąć. W mieszkaniu było bardzo gorąco. Łukasz otworzył okno i pokazywał Filipowi osiedle. Nagle usłyszał sąsiadkę. Śpiewała tę samą piosenkę, co zawsze, ale tym razem jej głos był silniejszy. **Brzmiał** tak, jakby kobieta też stała przy otwartym oknie. Po kilku minutach Filip najpierw po prostu przestał płakać, a potem szybko zasnął. Łukaszowi serce szybko zabiło. Miał ochotę obudzić Małgosię i powiedzieć jej o tym, ale kiedy wszedł do pokoju, zobaczył, że bardzo głęboko śpi. Położył więc Filipa w łóżeczku i **zgasił** światło.

Następnego dnia Małgosia, która pierwszy raz od dawna porządnie **się wyspała**, podczas zakupów w supermarkecie kupiła mały bukiet kwiatów. **Zapukała** do drzwi sąsiadki, ale kobieta nie otworzyła. Wyjęła więc notes z torebki, **wyrwała** jedną **kartkę** i napisała: „Dziękujemy!", a potem położyła kartkę razem z kwiatami na **wycieraczce**. Zobaczyła to kobieta w średnim wieku, która właśnie wchodziła po schodach.

– Jest pani z rodziny pani Trębacz? – zapytała kobieta.

– Nie, nie. Jestem sąsiadką. Zostawiłam kwiaty, bo wczoraj śpiewanie tej pani pomogło mojemu synowi zasnąć – wytłumaczyła się Małgosia.

– O! – Kobieta była bardzo zdziwiona. – Jest pani chyba pierwszą sąsiadką, która na nią nie narzeka.

– Pani też tutaj mieszka?

– Nie, jestem z **opieki społecznej**. Maria Zdun, miło mi. – Kobieta wyciągnęła do Małgosi rękę.

– Żerek. Mój mąż ma trochę obsesję na punkcie tej piosenki. Może pani mi powie, czy nasza sąsiadka to Krystyna Wolińska? Ta sama, która śpiewała w Opolu w 1963?

– Tak, tak, ta sama. Teraz nazywa się Trębacz, po drugim mężu. Skąd pani w ogóle zna jej **panieńskie nazwisko**?

– Jak mówiłam, mój mąż ma obsesję. Tak długo szukał w internecie, aż znalazł. Może jak pani Trębacz otworzy pani drzwi, to my też będziemy mogli wejść na chwilę i powiedzieć „dziękuję"?

– Wątpię. Ona nie lubi ludzi i czasem może być wulgarna lub agresywna. Miałam nadzieję, że pani jest z jej rodziny. Podobno ma gdzieś siostrę, ale nikt tutaj nigdy nie przychodzi. Wie pani… ona coś kiedyś musiała przeżyć i ma jakąś traumę. Wiem od starszych koleżanek i sąsiadów, że kiedy była bardzo młoda, **uciekła** z domu i wyszła za mąż za jakiegoś hipisa, malarza czy poetę, który znał dużo artystów i pomógł jej dostać się do Opola. Niestety dużo pił, a w końcu się zabił. Rzucił się pod pociąg czy coś takiego. Chyba tuż przed tym koncertem w Opolu. Widziała pani, jaka ona była smutna na tym koncercie, nie? Gdzieś po tym koncercie spodobała się temu Trębaczowi, politykowi z PZPR[2]. Wyszła drugi raz za mąż i mąż już jej nie pozwolił śpiewać. Zamknął ją w domu i ona taka biedna siedzi tu pięćdziesiąt lat. To znaczy, czasem chodzi do sklepu albo do lekarza, a czasem zapomina zamknąć lodówkę albo **wynieść śmieci** przez kilka tygodni. Ja mogę tutaj przychodzić tylko raz w miesiącu, dlatego szkoda, że nikt jej nie odwiedza…

Małgosia długo nie mogła przestać myśleć o smutnym życiu sąsiadki. Chciała jej jakoś pomóc, ale tak jak mówiła kobieta z opieki społecznej, sąsiadka nigdy nie otwierała drzwi ani jej, ani Łukaszowi. Za to śpiewała zawsze, kiedy Filip płakał bardzo głośno w nocy. Łukasz wpadł na pomysł, żeby napisać do niej list i zostawić jej pod drzwiami. W liście napisali, że chętnie zrobią jej zakupy albo załatwią sprawy na mieście. Kilka dni później dostali odpowiedź z podziękowaniami. Sąsiadka pisała,

---

2 Polska Zjednoczona Partia Robotnicza – partia, która rządziła Polską w latach 1948–1989.

że niczego nie potrzebuje, ale życzy zdrowia całej rodzinie i ma nadzieję, że Filip potrzebuje trenera głosu, bo bez niego, zamiast zrobić karierę w operze, zostanie gwiazdą disco polo, a gorsza od kariery w disco polo jest tylko **kariera polityczna**.

Małgosia i Łukasz przeczytali list, popatrzyli na siebie i jednocześnie **wybuchli śmiechem**.

Kilka miesięcy później do drzwi mieszkania Małgosi i Łukasza zadzwonił kurier. Miał **poleconą paczkę**, więc Małgosia musiała coś podpisać. W tym czasie Łukasz odwiedzał swoją mamę w innym mieście, a Filip spał w swoim łóżeczku, więc kobieta szybko założyła **kapcie** i pobiegła na dół. Kiedy wróciła, przestraszyła się. Drzwi do mieszkania były zamknięte, a w kieszeniach swetra nie było kluczy. Postawiła paczkę na podłodze i jeszcze raz pobiegła na dół, bo miała nadzieję, że klucze po prostu gdzieś wypadły. Nigdzie ich nie było. Nie miała też przy sobie telefonu. „Jestem idiotką! Jestem taka głupia!", mówiła do siebie na głos. Zaczęła pukać do sąsiadów, ale wszyscy byli w pracy albo nie było ich w domu. Tylko jedna osoba na pewno nigdzie nie wychodziła, ale Małgosia nie miała dużej nadziei, że pani Trębacz jej pomoże.

Zapukała raz. Potem jeszcze raz. Była pewna, że kobieta widziała ją przez **wizjer**, ale nie otworzyła. W końcu Małgosia zaczęła prosić na głos „Proszę, niech mi pani pomoże. Zostawiłam klucze w mieszkaniu, w którym mój syn jest sam. Mojego męża nie ma w domu, muszę do niego zadzwonić". Przez chwilę nic się nie działo, ale w końcu drzwi się otworzyły i przed Małgosią stała stara, szczupła kobieta w modnej, długiej sukience w papugi i palmy oraz w pełnym makijażu. Paliła papierosa.

– Ma pani telefon, prawda? – zapytała Małgosia ze łzami w oczach.

– Mam – odpowiedziała pani Krystyna. – Ale mam lepszy pomysł!

Teraz Małgosia zobaczyła, że kobieta miała w drugiej ręce coś, co wyglądało trochę jak **pęk kluczy**, a trochę jak igły.

– Mój pierwszy mąż i ja lubiliśmy adrenalinę. Od czasu do czasu **włamywaliśmy się** do domów bogatych ludzi i piliśmy ich wino, kiedy ich nie było. Myślę, że jeszcze umiem otwierać drzwi.

Staruszka wyszła z mieszkania i poszła po schodach na górę, a Małgosia znalazła telefon i zadzwoniła do Łukasza. Potem pobiegła za kobietą i zobaczyła, jak próbuje otworzyć drzwi.

– Nic z tego. Zbyt dawno tego nie robiłam. Czy może pani zejść do mojego mieszkania? W przedpokoju stoi szafka z **szufladami**. W szufladzie po lewej powinny być różne klucze. Proszę przynieść klucz z napisem „Różewski".

Małgosia nie wiedziała, kim był Różewski ani po co im jego klucze, ale z twarzy sąsiadki wyczytała, że kobieta miała plan i mówiła serio. Okazało się, że Różewski to sąsiad z pierwszego piętra, który jest kolegą właściciela ich mieszkania, a ten zawsze zostawia mu komplet kluczy. Kobiety weszły do jego mieszkania. Pani Trębacz miała do niego klucz, bo wiele lat temu, kiedy żona Różewskiego jeszcze żyła, przyniosła jej klucze **na wszelki wypadek**. Teraz właśnie był ten „wszelki wypadek". Małgosia nie czuła się komfortowo w **cudzym** mieszkaniu, ale pani Trębacz podekscytowana otwierała szafki i szuflady. W końcu znalazła klucze do mieszkania Małgosi i Łukasza. „Mamy to!", powiedziała i pobiegła dość szybko, jak na siedemdziesięciolatkę, na górę.

Kiedy weszły do mieszkania, Filip nadal spał, a z telefonu Małgosi, który leżał przy jego łóżeczku, leciała piosenka „Na niebie pełnym gwiazd", w kuchni gotował się spokojnie rosół, a trzy muchy latały pod sufitem jak samoloty wojskowe. Wszystko było jak wcześniej. Małgosia dalej płakała i **trzęsła się** z nerwów, a pani Trębacz zrobiła jej herbatę w jej własnej kuchni. Potem wróciła do siebie i nie wyszła z domu przez kilka następnych miesięcy.

Wieczorem wrócił Łukasz. Jechał z Krakowa do Warszawy tak szybko, że sam był zdziwiony, że nie dostał **mandatu**. Małgosia siedziała wtedy w salonie i piła herbatę. Kiedy opowiedziała mu, co się stało, Łukasz pomyślał, że to dziwne, że bohaterowie w filmach zawsze są młodymi mężczyznami, a nigdy staruszkami zza ściany.

1 Odpowiedz na pytania.
Answer the questions.

1. Dlaczego Małgosia i Łukasz przeprowadzili się do nowego mieszkania?

   ....

2. Skąd Łukasz znał piosenkę, którą śpiewała sąsiadka?

   ....

3. Kto czasem przychodził do pani Trębacz?

   ....

4. Jak reagował Filip, kiedy słyszał piosenkę?

   ....

5. Dlaczego Małgosia poprosiła panią Trębacz o pomoc?

   ....

6. Jak udało się kobietom otworzyć drzwi do mieszkania?

   ....

2 Co nie pasuje?
Which is the odd one out?

1. przebój / hit / porażka / piosenka
2. smycz / widownia / bić brawo / publiczność
3. wyspać się / zasypiać / śpiewać /spać
4. pukać / szuflada / wizjer / drzwi
5. głos / widok / dźwięk / brzmieć
6. klatka schodowa / domofon / skrzynka na listy / kapcie

3 Połącz słowa z definicjami.
Match the words with their definitions.

1. wycieraczka
2. widownia
3. opieka społeczna
4. przebój
5. wizjer
6. smycz
7. blat

a) sznur, lina, na której chodzi pies
b) góra stołu lub powierzchnia w kuchni, na której coś stawiamy
c) bardzo popularna piosenka
d) bardzo małe okno w drzwiach
e) grupa ludzi na koncercie lub w kinie
f) urząd, który pomaga biednym ludziom
g) mały dywan przed drzwiami

4 Przekreśl niepasujące słowa jak w przykładzie.
Cross out the words which don't fit as shown in the example.

W szufladzie *po / ~~na~~ / w*[0] lewej powinny być różne klucze. Proszę przynieść klucz z napisem „Różewski".

Małgosia nie wiedziała kim był Różewski *ani / ale / a*[1] po co im jego klucze, ale z twarzy sąsiadki wyczytała, że kobieta miała plan i mówiła *serio / poważny / pewna*[2]. Okazało się, że Różewski to sąsiad z pierwszego piętra, *który / kto / kogo*[3] jest kolegą właściciela ich mieszkania, a ten zawsze zostawia mu komplet kluczy. Kobiety weszły do jego mieszkania. Pani Trębacz miała do *niego / jego / go*[4] klucz, bo wiele lat temu, kiedy żona Różewskiego jeszcze żyła, przyniosła *jej / ją / niej*[5] klucze na wszelki wypadek. Teraz właśnie był ten „wszelki wypadek". Małgosia nie czuła się komfortowo w *swoim / cudzym / własnym*[6] mieszkaniu, ale pani Trębacz podekscytowana otwierała szafki i szuflady. *Na / w / pod*[7] końcu znalazła klucze do mieszkania Małgosi i Łukasza. „Mamy to!" powiedziała i pobiegła dość szybko, jak *do / po / na*[8] siedemdziesięciolatkę, na górę.

5 *Sobie* czy *siebie*? Wpisz poprawną formę zaimka.

Sobie or siebie? Complete sentences with the correct form of the pronoun.

1. Małgosia postawiła herbatę obok .... na podłodze i zaczęła intensywnie nasłuchiwać.

2. Dziewczyna nie miała też przy .... telefonu.

3. „Jestem idiotką! Jestem taka głupia!" mówiła do .... na głos Małgosia.

4. Małgosia i Łukasz popatrzyli na .... i jednocześnie wybuchli śmiechem.

5. Kobieta wyobrażała ...., co mogło stać się z jej dzieckiem.

6. Sąsiadka wróciła do .... i nie wyszła z domu przez kilka następnych miesięcy.

6 W jakiej sytuacji to powiesz?

Answer in Polish: in what situation would you say...

1. Co się stało?

   ....

2. Szkoda czasu!

   ....

3. Można oszaleć!

   ....

4. Nic z tego!

   ....

5. Mamy to!

   ....

SŁOWNICTWO

bez ramiączek – strapless
bić brawo – to applaud
blady – pale
blat – kitchen worktop
brzmieć / zabrzmieć – to sound
cudzy – someone else's
dochodzić / dojść (głos) – to come (about a voice)
gasić / zgasić światło – to turn off the light
głos – voice
kapcie – slippers
kariera polityczna – political career
klatka schodowa – staircase
mandat – fine (financial penalty)
można oszaleć – one can go crazy
na wszelki wypadek – just in case
nagranie – recording
nagrywać / nagrać – to record
odkrycie – discovery
od małego – since the childhood (tu: since infancy)
odnawiać / odnowić – to renew / to renovate
opieka społeczna – social services
opis – description
panieńskie nazwisko – maiden name
pęk kluczy – bunch of keys
polecona paczka – registered package
pora spać – time to go to sleep
przebój – hit (about a song)
przeprowadzać się – moving house
przesłuchiwać / przesłuchać – to listen thoroughly
przestraszyć się – to get scared
pukać / zapukać – to knock
skądś – from somewhere
skrzynka na listy – mailbox
smycz – leash
szuflada – drawer
śliski – slippery
tytuł – title
trząść się / zatrząść się – to shiver / to shake
uciekać / uciec – to escape
wariatka – madwoman
widownia – audience
wieki – ages (tu: for ages)
wizjer – peephole
włamywać się / włamać się – to break in
wybuchać / wybuchnąć śmiechem – to burst out laughing
wycieraczka – doormat
wynosić / wynieść śmieci – to take out the trash
wyrywać / wyrwać kartkę – to tear out a sheet of paper
wyspać się / wyspać – to sleep well
zniszczony – damaged

5 *Mały domek* [*mieszkanie, miasto*]

– Bardzo mi przykro – powiedział mężczyzna po drugiej stronie telefonu. – Niestety nic nie możemy zrobić.

– Jak to nie możecie? Nasze mieszkanie miało być gotowe w tym miesiącu.

– Pandemia, musi pani zrozumieć.

– Nic nie muszę rozumieć. Co ma do tego pandemia?! – Karolina była **wściekła**. Nie mogła uwierzyć w to, co słyszała.

– Państwa mieszkanie będzie gotowe dopiero w grudniu, może w styczniu – poinformował mężczyzna sucho i rozłączył się.

Karolina stała przy oknie i patrzyła na szare, komunistyczne bloki, które nawet w słoneczny dzień wyglądały jak definicja depresji.

– Kto dzwonił? – zapytał Marek, jej mąż, który właśnie wrócił z pracy. Był czerwony i zmęczony, bo jechał rowerem, ale już **od progu** do jego nogi przytulał się Stefan, ich pięcioletni syn.

– Nie uwierzysz! Dzwonił do mnie pan Zbigniew z „Wymarzonego Domu" i powiedział, że nasze mieszkanie nie będzie gotowe na czas.

– Jak to nie będzie? Za miesiąc mieliśmy się **wprowadzać**! Już **wypowiedzieliśmy umowę**!

– Ja o tym wiem. Mnie tego nie musisz mówić – powiedziała poirytowana Karolina i podała Markowi szklankę wody. – Co robimy?

– Nie wiem. Za tydzień musimy zacząć spłacać kredyt. **Właścicielka** ma już nowych **lokatorów**. Może **przeprowadzimy się** do twoich rodziców na kilka miesięcy?

– Nie ma takiej możliwości. Wiesz, że nie dam rady mieszkać z moim ojcem pod jednym dachem dłużej niż przez dwa tygodnie. Nie, nie, nie…

– Tato, co mi kupiłeś? – pytał Stefek, ale rodzice go zignorowali.

– Kurde, a taki miałem dobry dzień w pracy. Zero irytujących klientów… – westchnął Marek, usiadł ciężko na kanapie i włączył wentylator. Nie pamiętał tak gorącego czerwca. Było chyba 35 stopni.

Sześć lata wcześniej Karolina i Marek wzięli ślub. Prawie rok później urodził się Stefan. Przez kilka miesięcy cała rodzina mieszkała z mamą Marka w dwupokojowym mieszkaniu w starej **kamienicy**, ale Karolina nie przepadała ani za tym miejscem, ani za teściową. W końcu **wynajęli** swoje mieszkanie **na poddaszu domu jednorodzinnego**. Pod nimi mieszkały dwie inne rodziny. Mieszkanie było niewielkie, ale bardzo słoneczne i przytulne. Miało do tego dość niski **czynsz**. Stefan miał swój pokój, a Karolina z Markiem spali na kanapie w salonie. To było trochę niewygodne, bo salon był **z aneksem kuchennym** i kiedy Marek wstawał rano do pracy, i chciał sobie zrobić kawę, budził Karolinę, a kiedy Karolina wstawała rano za wcześnie, miała zły humor przez cały dzień. Po kilku latach para zdecydowała, że ma już dość takiego życia. Marek był programistą, dobrze zarabiał, więc zaczęli rozglądać się za własnym mieszkaniem. Skontaktowali się z kilkoma **agencjami nieruchomości**, które miały umowy z deweloperami. Jeździli od **placu budowy** do placu budowy, oglądali plany architektoniczne, spacerowali po osiedlach, rozmawiali z sąsiadami. W końcu zdecydowali się na trzypokojowe mieszkanie na czwartym piętrze na nowym, **zamkniętym osiedlu na przedmieściach**. Kilka bloków stało obok siebie. **W pobliżu** był mały park i rzeka. Po drugiej stronie znajdowało się małe centrum z Biedronką[1] i **punktami usługowymi**, a także szkoła podstawowa i kilka **placów zabaw**, bo mieszkało tu wiele rodzin z dziećmi.

Załatwili formalności w banku. Bez problemu **dostali kredyt hipoteczny** i nareszcie mogli podpisać umowę z deweloperem. Według planu ich mieszkanie miało być gotowe w maju. W marcu zaczęła się pandemia. Koronawirus sprawił, że wielu ludzi nie chciało robić dużych inwestycji i kupować mieszkania. Deweloper miał problemy i przestał budować. A właściwie, jak powiedział Karolinie sekretarz agencji przez telefon, **budowa spowolniła**. Teraz Karolina i Marek mieli przed sobą przynajmniej 6 miesięcy bez mieszkania.

Wieczorem, kiedy Stefek i Marek już smacznie spali, Karolina włączyła laptopa i szukała **rozwiązania** problemu. Czynsz w ich mieście był bardzo wysoki, bo ludzie chętnie inwestowali w nieruchomości i wynajmowali swoje mieszkania turystom. Nigdzie nie mogła znaleźć mieszkania, w którym mogliby komfortowo spędzić następnych kilka miesięcy, a jednocześnie nie **pójść z torbami**. Znalazła tylko ogłoszenia brudnych i ciasnych **kawalerek**, mieszkań do remontu i bardzo drogich **apartamentów**. Bała się, że rzeczywiście będą musieli przeprowadzić się do jej rodziców i już wyobrażała sobie swoje sesje u psychoterapeuty oraz wielkie kubki melisy[2], które będzie codziennie piła. I nagle zobaczyła reklamę. „Małe domki dla małej rodziny". Kliknęła. Portal przeniósł ją na **stronę** mężczyzny, który zbudował osiedle miniaturowych domów na Mazurach. Każdy z domów był mobilny i miał nie więcej

---

[1] Popularny w Polsce, tani supermarket.
[2] Melisa to zioło, które pijemy jak herbatę, kiedy jesteśmy zdenerwowani albo nie możemy spać.

niż 30 metrów. Na osiedlu mieszkało już 15 osób, ale jeszcze jeden, ostatni dom był wolny. Karolina obudziła męża.

– Boże! Kobieto! Jest trzecia nad ranem.

– Wiem, ale chyba znalazłam rozwiązanie. Mówiłeś, że od poniedziałku musisz pracować z domu, tak?

– Tak.

– Na zawsze?

– Nie wiem. Aż się skończy epidemia.

– Patrz. Miniaturowe mobilne domki. Bardzo tanie. Jeden z nich może być nasz. Małe, ale nowoczesne i dość komfortowe. – Karolina pokazała Markowi galerię zdjęć. Wnętrza domków wyglądały podobnie: wszystkie miały na dole miniaturową łazienkę z prysznicem, szafę. Na jednej ścianie była kuchnia, na drugiej kanapa i kilka szafek. Po drabinie wchodziło się na górę, gdzie była sypialnia, a właściwie łóżko, a nad nim długa półka.

– Na pewno nie mają tam internetu.

– Mają, mają. Jeden z tym domków to *coworking space*!

– Żartujesz? – Marek był już teraz całkiem obudzony i podekscytowany. – Są tam jakieś inne rodziny z dziećmi czy tylko emeryci?

– Nie wiem, ale możemy rano zadzwonić i zapytać!

Dwa tygodnie później Karolina, Marek i Stefek **zawieźli** większość swoich rzeczy do domu mamy Marka, a sami pojechali na Mazury. Na miejscu czekał na nich Robert, właściciel osiedla. Mężczyzna miał bardzo sympatyczną twarz. Był po sześćdziesiątce, miał długie siwe włosy i brodę. Wyglądał trochę jak hippis. Najpierw pokazał im ich mały domek, a potem zaprosił do swojego na herbatę. W jego domku było bardzo pusto. Ściany były białe, na kanapie leżała tylko jedna poduszka, a na kuchennych szafkach tylko solniczka, pieprzniczka i cukiernica. Na komodzie stało kilka ramek ze starymi zdjęciami.

– Kupiliśmy tę **działkę** z żoną prawie dwadzieścia lat temu, bo planowaliśmy zbudować duży dom. – Robert opowiadał historię, którą inni mieszkańcy osiedla dobrze znali już na pamięć. – Chcieliśmy mieć dużo dzieci i było dla nas ważne, żeby dzieci miały kontakt z naturą. Dużo wtedy pracowałem, żeby zarobić na ten dom i rodzinę. Zanim mogliśmy zacząć budować, moja żona zachorowała. Miała **raka piersi**. Nie spodziewaliśmy się tego, bo była młoda. Miała wtedy dwadzieścia osiem lat. – Robert przerwał. Wstał i wziął z komody zdjęcie młodej, uśmiechniętej kobiety. – Umarła rok później. Przez wiele lat byłem w szoku. Pracowałem i pracowałem. Prawie zapomniałem, że mamy tę działkę. Dopiero kilka lat temu wpadłem na pomysł, żeby coś z nią zrobić. Mój znajomy z Niemiec zainwestował pieniądze w produkcję małych domków, które są tam bardzo popularne. Zwykle emeryci sprzedają swoje wielkie **wille** albo mieszkania w mieście i przeprowadzają się na te dwadzieścia, trzydzieści metrów kwadratowych. Mniej sprzątania. Kupiłem dla siebie taki dom, zamknąłem firmę i przeprowadziłem się tutaj. Byłem sam, ale stąd nie jest tak daleko na wieś, więc mogłem jeździć rowerem do sklepu. Na działce już był **prąd** i woda, więc nie było tak trudno, jak myślicie. Miałem trochę problem, żeby tu **podłączyć internet**, ale w końcu się udało. Kiedyś zaprosiłem do siebie kolegę, tego z Niemiec. Przyjechał swoim camperem i spędziliśmy razem świetne lato. Tak siedzieliśmy przy ognisku i rozmawialiśmy o tym, że teraz wszyscy ludzie przeprowadzają się do miast, a na wsiach zostają tylko rolnicy i emeryci, a szkoda, bo wieś ma bardzo dużo do zaoferowania: **spokój, ciszę, świeże powietrze**. To wszystko jest bardzo ważne w życiu! Od słowa do słowa doszliśmy do tego, że mógłbym zainwestować pieniądze ze sprzedaży firmy, kupić kilka domków i otworzyć agroturystykę[3]. Tak zrobiłem. Kilka rodzin przyjechało na lato. Dzieci tutaj biegały, dorośli pomagali mi w ogrodzie. **Posadziłem** pierwsze **drzewa** owocowe, **posialiśmy warzywa**. Było z tym dużo roboty, ale chyba wszyscy się też dobrze bawiliśmy. I jedna z tych rodzin została. Kasia, która teraz mieszka w domku numer 3 i jej dwie córki nie wróciły do Warszawy. Ona pracowała w agencji marketingowej. Po lecie u nas powiedziała swojemu szefowi, że chce zostać tutaj na dłużej i **pracować zdalnie**. Oboje byliśmy zdziwieni, że jej szef się zgodził. Razem z Kasią wymyśliliśmy, że może poszukamy innych ludzi, którzy chcą żyć minimalistycznie, w małych domkach, daleko od miasta, ale blisko natury. Ja ciągle myślałem o emerytach, ale Kasia sugerowała poszukać ludzi takich jak ona: freelancerów, artystów, informatyków. Jak ty. – Robert uśmiechnął się do Marka. – Powiem wam szczerze, że nie spodziewałem się, że znajdziemy wielu ludzi. Wiecie, u nas w Polsce każdy, kto ucieka z miasta, chce mieć kawałek ziemi i zbudować duży dom, w którym będzie mieszkać do końca życia. Nasze małe domki mogą być na krótko i na dłużej. Poza tym mamy coś, czego nie mają inne osiedla i wsie: mamy **społeczność**. Spotykamy się. Rozmawiamy. Pracujemy razem w ogrodzie. Pomagamy sobie. Chodźcie, **oprowadzę** was!

Robert wstał energicznie i otworzył drzwi. Robiło się już późno. Pomarańczowe słońce zachodziło za drzewami. Przed domkami wisiały zapalone lampy. Robert pokazał im **altanę**, w której stał ogromny, drewniany stół, przy którym mieszkańcy osiedla często jedli razem obiady. Obok altany było miejsce na ognisko i wielki **grill z kamienia**. Trochę dalej była **szopa z narzędziami**, z których wszyscy mogli

---

[3] Popularny biznes w Polsce. Rolnicy zapraszają turystów do swoich gospodarstw, gdzie ludzie z miasta mają szansę spędzić trochę czasu na łonie natury.

skorzystać. Jeszcze dalej był większy domek, w którym ludzie pracowali w ciągu dnia, ponieważ tam był najlepszy internet.

– A tutaj – Robert pokazał na mały domek pomalowany na niebiesko – tutaj mieszka pani Alina. Nasza jedyna emerytka, która pomaga mieszkańcom z dziećmi, kiedy muszą gdzieś pojechać albo po prostu pracują. Rodzice razem płacą jej za czynsz, bo ma bardzo małą emeryturę. Pani Alina to mama jednego z naszych mieszkańców.

Karolina była bardzo podekscytowana, Marek trochę mniej. Kiedy rozpakowywali swoje rzeczy, zapytał:

– Jesteś pewna, że to nie jest jakaś sekta?

– Co? Dlaczego tak myślisz?

– No wiesz, Robert ma długie włosy, sandały, kolorową koszulę...

Karolina roześmiała się głośno. Stefek, który już zasypiał w łóżku, otworzył szeroko oczy.

– Z pewnością. To też na pewno komuna i kobiety co tydzień zamieniają się mężami. Jestem ciekawa, na kogo ja ciebie wymienię w przyszłym tygodniu!

Przez następne kilka dni cała rodzina powoli **przyzwyczajała się** do życia na osiedlu. Poznali innych mieszkańców (nie wszyscy byli tak sympatyczni jak Robert). Z tymi sympatycznymi chętnie wymieniali się opiniami na temat życia w mieście, radami jak wychowywać dzieci i jak gotować zdrowe, naturalne obiady. Większość osób, które tam mieszkały, chciała, żeby ich dzieci miały mocną relację z naturą, żyły ekologicznie i umiały **nawiązywać kontakty** z ludźmi. Stefek od razu **zaprzyjaźnił się** z innymi dziećmi, bo prawie w każdym domku mieszkały młodsze i starsze dzieci, co dla chłopca było tak ekscytujące, jak otwieranie prezentów od Mikołaja. Nagle wszyscy byli jego najlepszymi przyjaciółmi i czasem tylko był smutny, bo nie mógł zdecydować czy bardziej kocha Maćka, Marcelinkę, czy babcię Anielę. Karolina nie zaprzyjaźniła się z nikim tak szybko, ale ona też cieszyła się z nowej sytuacji. Rano, kiedy Marek pracował, **zaprowadzała** Stefka na kilka godzin do pani Anieli, a sama mogła w końcu w spokoju pracować – pisać książkę dla dzieci o magicznych **bobrach**. Nie pamiętała, kiedy ostatnio była taka kreatywna. Przez dwa miesiące na osiedlu napisała więcej niż przez cały rok w mieście.

Marek dużo pracował, ale w weekendy całą rodziną wsiadali do samochodu i jeździli po okolicy, gdzie odkrywali naturę, która otaczała osiedle. W pobliżu były **łąki, lasy, małe jeziora i rzeki**. Kiedy jechali samochodem gdzieś dalej, Stefek nie mógł przestać patrzyć przez okno. Najbardziej cieszył się, kiedy widział krowy, konie i kozy, które pasły się na łąkach. Czasami, kiedy spacerowali po lesie i uczyli się **rozpoznawać** ptaki i rośliny, patrzyli na siebie i uśmiechali się, bo myśleli dokładnie to samo: Chcemy tu zostać na zawsze!

Kiedy skończyło się lato, w domkach zrobiło się trochę chłodniej. Kilka rodzin wyjechało do miasta na zimę, ale Marek i Karolina ciągle nie mogli tego zrobić – ich mieszkanie nie było jeszcze gotowe. Poza tym na razie dalej było im tu dobrze. Wieczorami Robert **rozpalał ognisko** i czasem ktoś piekł tam kiełbasę, czasem ktoś wrzucał do ognia ziemniaka, a czasem Waldek, jeden z mieszkańców, siadał **na ławce** obok i grał na gitarze stare piosenki jak *Szła dzieweczka do laseczka* albo *Gdybym miał gitarę*[4]. Pewnego wieczora Karolina przypomniała sobie, że ona kiedyś też grała na gitarze. Poprosiła, czy może spróbować. Szło jej całkiem nieźle. Poza tym miała ładny głos, więc po jakimś czasie dookoła ogniska siedzieli już prawie wszyscy mieszkańcy i śpiewali razem z nią. Dzieci razem tańczyły trochę dalej, kilka osób piło wino i rozmawiało. Ten wieczór był jednym z najlepszych wieczorów, jakie tam spędzili. **Poprzedzał** też najgorszą noc, jaką tam spędzili.

W nocy Karolinę obudziło zimne powietrze. Wstała z łóżka, założyła **szlafrok** i zeszła na dół po **drabinie**. Drzwi domku były otwarte. Podeszła do łóżka Stefka i przestraszyła się. Chłopca nie było. Szybko obudziła Marka, włożyła buty i wybiegła na podwórko. Zaczęła wołać: „Stefek! Stefek! Gdzie jesteś synku?". Chłopiec nie odpowiadał. Zamiast tego obudzili się inni mieszkańcy i wyszli przed swoje domy. Po kilku minutach wszyscy już byli ubrani i z **latarkami** w rękach organizowali poszukiwania.

– Sprawdźmy najpierw dokładnie całe osiedle – mówił Robert, który czuł się liderem całej społeczności. – **Brama** jest zawsze na noc zamknięta, więc powinien gdzieś tutaj być. Jeśli go nie znajdziemy, to Anna, Waldek i Krzysztof pójdą w stronę wsi, Dominika, Cezary i Mateusz w stronę lasu, Radek, Kasia i Wioleta będą szukać na łąkach, a ja z Karoliną i Markiem pójdziemy nad rzekę. Pani Alina i Wiktoria zostaną z dziećmi, w porządku? Znajdziemy go!

Od razu zaczęli szukać. Stefka nie było na osiedlu. Teraz Karolina i Marek umierali ze strachu. Nieraz oglądali w telewizji historię dziecka, które zniknęło, a kilka dni później policja znalazła je w jeziorze czy rzece. Karolina patrzyła w niebo, na którym było dzisiaj widać wszystkie gwiazdy i prosiła, żeby jej dziecko było bezpieczne. Nigdzie nie mogli go znaleźć. Zaglądali pod każdy krzak, za każde drzewo i do każdego dołu. Wołali tyle razy, że w końcu wszystkich zaczęły boleć gardła. Było im zimno, ale nie **poddawali się**. Sprawdzali te same miejsca dwa razy. **Wszystko na nic**.

Była już prawie północ, kiedy telefon Karoliny zaczął dzwonić.

– Wracajcie – powiedziała pani Alina spokojnym głosem. – Znalazł się! Jest już z nami bezpieczny!

---

[4] Popularne piosenki, które Polacy chętnie śpiewają na biwaku czy przy ognisku.

– Jak to? Gdzie był?

– **Przywiózł** go pan Władysław, ten, który mieszka w Wólce.

– Co on tam robił? Przecież to jakieś dwa kilometry od nas!

– Wróćcie, to wszystko wam opowiem! **Nastawiam wodę na herbatę!**

Karolina zaczęła płakać. Płakała głośno całą drogę do domu, a Marek trzymał ją mocno za rękę. Kiedy zobaczyła Stefana, zaczęła go przytulać, całować i **krzyczeć** na niego w tym samym czasie.

– Gdzie byłeś? Dlaczego wyszedłeś sam z domu?!

Stefek wydawał się kompletnie nie rozumieć tych wszystkich emocji. Siedział na kocu i przytulał mocno swoją maskotkę pana Bobra.

– Poszedłem odwiedzić kozy.

– Kogo poszedłeś odwiedzić? – zapytał zaskoczony Marek. Kilka osób, które usłyszały tę historię trochę wcześniej, zaczęło się śmiać.

– Kozy. Pamiętasz, mówiłeś mi, że kiedyś pójdziemy odwiedzić kozy u pana Władka. No i dzisiaj przyszedłeś do mnie w nocy i powiedziałeś, że wracamy jutro do Warszawy i już nigdy nie odwiedzę kóz. Nie pamiętasz? Potem poszedłeś spać, a ja porozmawiałem z panem Bobrem i zrobiliśmy plan. I poszliśmy do kóz. Dlaczego jesteś zły? Przecież ubrałem się dobrze! Założyłem szalik i rękawiczki! Ale kozy spały.

Stefek był bardzo **rozczarowany**.

– Na szczęście ja nie spałem. Kiedy śpię, to nic mnie nie może obudzić. A Stefek przyszedł i zaczął krzyczeć: „Jest tam kto? Przyszliśmy odwiedzić kozy! Halo!" – opowiadał pan Władek z uśmiechem.

– Boże... Przyśniło mu się... To był tylko sen Stefek! – Karolina dalej przytulała syna, śmiała się i płakała.

– Czy możemy odwiedzić kozy rano, jak już wstaną? – zapytał Stefek pana Władka.

– Jasne, ale nie przed dziewiątą.

– Bo pan jest strasznym śpiochem, tak? Jak moja mama! – powiedział Stefek i **przybił** tacie **piątkę**.

Po historii ze Stefkiem i kozami Marek i Karolina jeszcze bardziej poczuli się wśród mieszkańców osiedla jak w rodzinie. Chociaż w listopadzie dostali telefon z agencji nieruchomości, że ich mieszkanie jest już gotowe i mogą się wprowadzać, po długiej rozmowie zdecydowali, że jeszcze trochę zostaną na wsi. **Dali ogłoszenie** i bardzo szybko wynajęli swoje mieszkanie innej rodzinie, a sami cieszyli się swoją nową społecznością i naturą przez jeszcze jeden rok. I jeszcze jeden. I jeszcze jeden.

1 Kto to zrobił? Dopasuj osoby do sytuacji.
Who did it? Match the people with the actions.

1. Karolina	a) odwiózł Stefka do domu
2. Marek	b) opiekowała się dziećmi
3. Stefek	c) pracował zdalnie
4. Robert	d) lubiła długo spać
5. żona Roberta	e) wyszedł z domu sam w nocy
6. pan Władek	f) zmarła młodo
7. pani Alina	g) zbudował osiedle

2 Podpisz obrazki słowami z listy.
Use the words from the list to label the pictures.

altana · brama · drabina · latarka · szlafrok · komoda

3 Wstaw słowa z ćwiczenia 2 do zdań. Pamiętaj o odpowiednich przypadkach!
Complete the sentences with the words from exercise 2 using the appropriate case-endings.

1. Chłopiec wszedł na górę po ....
2. Mama złożyła ubrania i włożyła je do ....
3. Para całowała się w .... budynku.
4. Spakowałeś wszystko na piknik? Masz .... na baterie?
5. W lecie zawsze jemy obiad w ...., w ogrodzie.
6. Ktoś zadzwonił do drzwi w środku nocy, więc założyłam .... i poszłam otworzyć.

4 Połącz słowa z definicjami.
Match the words with the definitions.

1. lokator
2. przedmieścia
3. kawalerka
4. plac zabaw
5. szopa
6. poddasze
7. osiedle

a) teren z domami i blokami daleko od centrum

b) drewniany domek w ogrodzie, w którym są narzędzia

c) strych, na którym jest mieszkanie

d) kilka podobnych bloków lub domów obok siebie

e) małe, jednopokojowe mieszkanie

f) osoba, która mieszka w wynajmowanym mieszkaniu

g) miejsce w parku lub na osiedlu, gdzie bawią się dzieci

5 W jakiej sytuacji to powiesz?
In what situation would you say it?

1. Przybij piątkę!

....

2. Pójdziemy z torbami!

....

3. Bardzo mi przykro!

....

4. Nie uwierzysz!

....

5. Nastawiam wodę na herbatę!

....

SŁOWNICTWO

agencja nieruchomości – real estate agency

altana – gazebo

apartament – luxury apartment

bóbr – beaver

brama – gate

budowa spowolniła – construction works slowed down

cisza – silence

czynsz – rent

dać ogłoszenie – to publish an ad

dom jednorodzinny – single-family home

dostać kredyt hipoteczny – to get a mortgage loan

drabina – ladder

działka – plot (of land)

grill z kamienia – masonry barbecue

kamienica – townhouse

kawalerka – studio apartment

krzyczeć / krzyknąć – to shout

las – forest

latarka – torch / flashlight

lokator – tenant

łąka – meadow

małe jezioro – small lake

na ławce – on a bench

na poddaszu – in the attic

na przedmieściach – in the suburbs

nastawiać wodę na herbatę – to put the kettle on

nawiązywać kontakty – to make contacts

od progu – immediately after entering the house

oprowadzać / oprowadzić kogoś – to show someone around

plac budowy – construction site

plac zabaw – playground

poddawać się – to give up

podłączyć internet – to connect the internet

poprzedzać – to precede

(po)sadzić drzewa – to plant trees

(po)siać warzywa – to sow vegetables

Idiom *pójść z torbami* – to go belly up

pracować zdalnie – to work remotely

prąd – electricity

przeprowadzać się / przeprowadzić się – to move house

Idiom *przybić piątkę* – to give a high five

przywozić / przywieźć – to bring (sb/sth) by a vehicle

przyzwyczajać się / przyzwyczaić się – to get used to

punkty usługowe – service points

rak piersi – breast cancer

rozczarowany – disappointed

rozpalić ognisko – to light a campfire

rozpoznać – to identify

rozwiązanie – solution

rzeka – river

spokój – calm peace

społeczność – community

strona – page (tu: web page)

szlafrok – robe

szopa z narzędziami – toolshed

świeże powietrze – fresh air

w pobliżu – close, in the surrounding area

willa – villa

właściciel – owner

wprowadzać się / wprowadzić się – to move in

wszystko na nic – all for nothing

wściekły – furious

wynajmować / wynająć – to rent

wypowiadać / wypowiedzieć umowę – to terminate a contract

z aneksem kuchennym – with a kitchenette

zamknięte osiedle – gated community

zaprowadzać / zaprowadzić (kogoś gdzieś) – to escort (someone somewhere)

zaprzyjaźniać się / zaprzyjaźnić się – to make friends

zawozić / zawieźć (coś gdzieś) – to take (something somewhere)

W **skrzynce na listy** było kilka reklam, zaproszenie do cyrku oraz biała **koperta**. Krzysztof włożył kopertę do torby, a resztę papierów wrzucił do kosza. Wszedł do windy. Na trzydziestym piętrze powiedział grzecznie „do widzenia" innym ludziom, otworzył drzwi do biura i natychmiast otworzył list. Jeszcze w mokrym płaszczu usiadł za biurkiem i patrzył na dokument. Nie na to liczył. W tym momencie do biura przyszła jego sekretarka. Nie odpowiedział na jej wesołe „dzień dobry", więc weszła do jego gabinetu i zobaczyła, że nie był w dobrym humorze.

– Co się dzieje, szefie? – zapytała, a Krzysztof pokazał jej list.

– „Niniejszym informujemy, że kredyt na zakup maszyn drukarskich nie został panu przyznany" – przeczytała i popatrzyła na niego. – Przykro mi. Naprawdę bardzo mi przykro.

Krzysztof **wzruszył ramionami**. – Nie mów na razie nikomu, OK? – poprosił.

Tego dnia Krzysztof nie mógł się na niczym skoncentrować. Ciągle myślał o tym, że kiedy piętnaście lat wcześniej otwierał **wydawnictwo**, był pewien, że osiągnie sukces. Przez pierwsze lata wszystko szło świetnie. Podpisywał kontrakty z zagranicznymi autorami i promował na polskim rynku bestsellery z dziedziny marketingu, biznesu i księgowości. Stał się znany w mediach, brał udział w wielu konferencjach i targach. Potem, no cóż, biznes nie kręcił się już tak dobrze.

Około trzynastej deszcz przestał padać, na zewnątrz zrobiło się trochę jaśniej. Krzysztof włożył płaszcz i wyszedł z biura. Planował pójść do ogrodu botanicznego, gdzie zawsze się relaksował. Kiedy wsiadł do samochodu i włączył telefon, **dostał SMS-a**. Ktoś próbował się z nim wiele razy skontaktować. **Oddzwonił na nieznany numer**.

– Wachowski. W czym mogę pomóc?

– Dzień dobry, panie Krzysztofie. Mówi Zofia Bauman, sąsiadka pana babci. Pamięta mnie pan? – zapytała kobieta cichym głosem.

– Oczywiście, oczywiście. Jak się pani ma, pani Zosiu?

– W porządku, w porządku… Muszę panu coś powiedzieć. Próbowałam się do pana dodzwonić całe rano, bo pana babcię w nocy zabrało pogotowie. Niestety, miała bardzo poważny atak serca i… – Głos kobiety stał się nagle bardzo smutny – …i zmarła.

– Jak to zmarła? – Krzysztof nie mógł uwierzyć. – Przecież nigdy nie chorowała.

– Nie chorowała? Co pan mówi… od dawna była pod opieką kardiologa. Byłoby dobrze, żeby pan przyjechał jak najszybciej. Trzeba zorganizować **pogrzeb**. Z tego co wiem, nie miała innych krewnych, prawda?

– Tak, tak. Przyjadę dzisiaj w nocy. Dziękuję za telefon.

Krzysztof odpalił samochód i zamiast do ogrodu botanicznego pojechał od razu do Krakowa. Miał przed sobą prawie 500 kilometrów. Nie lubił prowadzić przez kilka godzin, szczególnie kiedy był sam w samochodzie. Zbyt dużo czasu bez internetu i rozmów z ludźmi sprawiało, że zaczynał myśleć o przeszłości. Teraz wszystkie myśli, które przychodziły mu do głowy były z **dzieciństwa**. Wypadek samochodowy, pogrzeb rodziców, miesiące w szpitalu i babcia, która zawsze była obok. Trudno mu było uwierzyć, że umarła. Od bardzo dawna nie miał czasu jej odwiedzić, ale dzwonił do niej regularnie, raz w miesiącu. Rozmawiali zwykle trochę o jego pracy. Czasem opowiadała mu o tym, co się dzieje w życiu jej koleżanek i sąsiadek. Zwykle przestawał słuchać po pięciu minutach. Nie za bardzo interesowały go historie z życia siedemdziesięciolatek. Rozmawiał z babcią, bo musiał. Taka była prawda. Oczywiście nie zawsze tak było. Kiedy był dzieckiem, uwielbiał spędzać z nią czas. Pomagał jej gotować, słuchał, jak pięknie opowiada o historii Polski, czytał jej swoje dziecięce **opowiadania**, a ona zawsze **podpowiadała**, kiedy nie mógł się zdecydować na imię dla **bohatera**. Często w weekend babcia zabierała go do ogrodu botanicznego i uczyła **nazw roślin**. Była nauczycielką biologii i wiedziała o naturze wszystko. Sam nie wiedział, w którym momencie przestał jej potrzebować.

Krzysztof był świetnym organizatorem. W ciągu dwóch dni załatwił wszystko związane z pogrzebem babci. Sam był zdziwiony, że zrobił to spokojnie, bez emocji, jakby nie chodziło o **rodzinę**, ale o projekt w pracy, który musiał skończyć na czas. Właściwie to wcale się nie **spieszył** z powrotem do Gdańska. Jego firma nadal istniała, ale wkrótce musiał spotkać się z pracownikami i powiedzieć im, że to koniec. Wolałby, żeby ten moment nigdy nie nadszedł. Być może dlatego po pogrzebie, na którym był tylko on, pani Bauman i kilkoro innych sąsiadów, postanowił zostać w Krakowie kilka dni dłużej. Najpierw planował zatrudnić kogoś do posprzątania mieszkania babci, ale po spacerze po Starym Mieście zmienił zdanie. Wiosna w Krakowie zawsze go inspirowała. Miasto, które zimą wyglądało jak **pieczarka, która długo leżała w lodówce**, wiosną przechodziło metamorfozę. Wszędzie słyszał głosy pełne nadziei, śmiech studentów, którzy wierzą, że mogą wszystko. Wszędzie widział kolorowe sukienki młodych dziewczyn, które jeździły rowerami i zostawiały za sobą świeży zapach szamponu. Serce miasta wracało do życia po reanimacji i było pełne nadziei na przyszłość.

Mężczyzna wszedł do starej kamienicy, w której mieszkała babcia. W mieszkaniu nic się nie zmieniło od jego dzieciństwa. Te same drewniane schody. Ta sama mozaika na podłodze. W środku wszystko wyglądało tak, jakby babcia była gotowa na tę ostatnią podróż. Zimowe ubrania leżały spakowane w kartonie. Letnie ubrania wisiały uprane i uprasowane w szafie. W łazience nie znalazł też wielu kosmetyków, chociaż babcia zawsze lubiła perfumy i szminki. W szafkach w kuchni nie było wiele jedzenia ani **przetworów**. W lodówce nie znalazł prawie nic oprócz konfitury mirabelkowej i pół kartonu mleka, ale w zamrażarce czekała na niego niespodzianka. **Zamrożony** kawałek szarlotki. Czuł się dziwnie, kiedy wyjmował go z piekarnika. Upiekła go jego własna babcia, kiedy jeszcze żyła. Ciasto mogło mieć tydzień albo pół roku. To bez znaczenia, bo smakowało dokładnie tak, jak pamiętał. Nie było za słodkie, nie było w nim też cynamonu, którego on nie znosił, a babcia uwielbiała. Było tak, jakby ten kawałek ciasta czekał na niego. Kiedy zjadł, poczuł, że cisza w pustym mieszkaniu zaczęła go męczyć. Szukał podcastu, który mógłby zająć jego głowę, ale w tym momencie zadzwonił telefon babci.

– Dzień dobry, Zbigniew Woźniak z tej strony. Czy pani Stanisława jest w domu?

– Nie ma. Jestem jej wnukiem, babcia…

– Bardzo proszę jej przekazać, że nie wysłała nam jeszcze umowy na nową książkę i bardzo nam się z tym śpieszy. Czekamy już dwa tygodnie. To naprawdę ważne.

– Przepraszam, ale nie wiem, o czym pan mówi? Jaką umowę? Jaką książkę?

– Trzecią część *Jesiennej miłości*, co pan z **księżyca spadł**?

– Niestety, naprawdę nie wiem, o czym pan mówi. Babcia zmarła trzy dni temu.

– Moje kondolencje – odezwał się mężczyzna po kilku chwilach. – Jestem zaskoczony, że nic pan nie wie o książkach. W tej sytuacji myślę, że byłoby dobrze, gdybyśmy się spotkali i porozmawiali. Skoro jest pan w mieszkaniu pani Stanisławy, to może poszuka pan umów i spotkamy się… w środę rano? O dziewiątej? Nasze biuro jest na Karmelickiej 10.

– Tak, oczywiście. Do widzenia.

– Do widzenia.

Krzysztof usiadł na krześle przy stole w kuchni i odblokował telefon. Wyszukał w Googlach *Jesienna miłość*. Lakoniczny opis na *Lubimy czytać*[1] brzmiał:

---
[1] Strona internetowa z recenzjami książek.

„**Wzruszająca powieść** o dwojgu ludzi, którzy dopiero w jesieni życia nauczyli się naprawdę kochać". Autorką romansu jednak nie była Stanisława Zawadzka, ale tajemnicza Paula Warszauer. To nazwisko na pewno nie było prawdziwe. Babcia pisała powieści pod pseudonimem. Krzysztof nie mógł w to uwierzyć. Szukał dalej, tym razem innych książek Pauli Warszauer. Okazało się, że była bardzo pracowitą pisarką. Miała na swoim koncie ponad trzydzieści powieści dla **dojrzałych** kobiet, które mimo fatalnych recenzji krytyków, sprzedawały się w tysiącach egzemplarzy. Co jednak babcia robiła z pieniędzmi? Nikt nie zostaje przecież znanym autorem pod pseudonimem tylko dla satysfakcji pisania. Czy babcia podpisała jakąś głupią umowę z wydawnictwem, które zabierało cały **dochód** z książek, a ona musiała pisać pięć książek rocznie za darmo? Krzysztof otwierał wszystkie szafki i szuflady. W końcu znalazł grubą teczkę z napisem „Wydawnictwo", w której wszystkie dokumenty były uporządkowane, więc bez problemu znalazł umowę. Według niej babcia dostawała duży procent ze sprzedaży. Mężczyzna szybko policzył procent i liczbę egzemplarzy, w których sprzedały się pierwsza i druga część *Jesiennej miłości*. Zrobiło mu się ciepło w brzuchu. Babcia Stanisława była bogata. Nawet bardzo bogata. Jej sukces mógł mu teraz pomóc **uratować** firmę! Jedno tylko zaczęło zastanawiać Krzysztofa. Z jakiegoś powodu, tych pieniędzy nie było widać w jej mieszkaniu. W łazience co prawda stała nowa pralka, ale większość mebli była dokładnie ta sama, jak trzydzieści lat temu. Coś tu nie grało.

Krzysztof dowiedział się prawdy dopiero w środę, na spotkaniu z wydawcą. Pan Zbigniew Woźniak był niskim mężczyzną przy kości. Opowiedział swojemu gościowi o tym, jak piętnaście lat wcześniej dostał pierwszy egzemplarz książki jego babci. Nie miała **wyjątkowego** stylu. Historia też nie była wyjątkowa, ale miała coś, czego brakowało na rynku – historię miłości ludzi po sześćdziesiątce. Wydawnictwo Woźniaka od wielu lat specjalizowało się w literaturze kobiecej. Większość powieści, które wydawali, była jednak o młodych, szalonych kobietach o twardych brzuchach i gładkich twarzach. O kobietach, z którymi większość **czytelniczek** nie mogła się nigdy identyfikować. Pierwsza powieść babci była jak szarlotka – ciepła, aromatyczna, tradycyjna, ale świeża i potrzebna. Woźniak chciał ją natychmiast wydać, a Stanisława się zgodziła. Miała tylko jeden warunek – nie będzie na niej jej nazwiska. Nie chciała, żeby ludzie czytali o **uczuciach** bohaterów i myśleli, że to jej uczucia. Chciała pozostać anonimowa.

Na zakończenie spotkania Krzysztof zapytał, czy Woźniak wie coś na temat tego, co babcia robiła z **tantiemami**. Mężczyzna **rozłożył ręce**.

– Wiele razy sugerowałem pani Stanisławie kontakt z doradcą finansowym, inwestycje. My tylko robiliśmy jej raz w miesiącu **przelew**. Z tego co wiem, wszystko co zarobiła, wysyłała jakiejś fundacji. Niestety, nie znam szczegółów. Teraz prawdopodobnie będziemy wysyłać tantiemy na pana konto, ale najpierw musimy skonsultować się z prawnikiem.

Krzysztof podziękował za informację. Był **przerażony**. Wszystko przekazywała fundacji? Jakiej fundacji? Może jakiejś sekcie? Teraz tak łatwo jest manipulować staruszkami. I on przez piętnaście lat nic o tym nie wiedział? Przecież rozmawiali raz w miesiącu. Prosto z wydawnictwa mężczyzna poszedł do banku. Okazało się, że co miesiąc babcia przelewała duże kwoty na konto domu opieki dla osób **niepełnosprawnych** w Zielonkach pod Krakowem. „Od kiedy była taką altruistką? – pomyślał Krzysztof. – Nigdy nie angażowała się w żadną pracę charytatywną, nigdy nie mówiła o osobach niepełnosprawnych". Był zły, bo od kilku miesięcy walczył w firmie o każdy grosz, teraz był kilka kroków od bankructwa, a jego babcia **siedziała na pieniądzach**. Oczywiście **anulował** wszystkie planowane przelewy, ale cały czas po głowie chodziło mu pytanie: „Dlaczego babcia wysyłała wszystkie swoje pieniądze na tę organizację?". Wsiadł w samochód i pojechał do Zielonek.

Budynek domu opieki był trzypiętrowy, stary, udekorowany **bluszczem**. Dookoła znajdował się ogród ze starymi, wysokimi drzewami. Krzysztof zaparkował i wszedł do środka. Po drodze do biura dyrektorki spotkał wiele niepełnosprawnych osób w różnym wieku. Część uśmiechała się do niego i witała się z nim, część patrzyła na niego przerażona. Dyrektorka, pani Kamińska, była blondynką w średnim wieku. Wyglądała bardzo elegancko. Przywitała Krzysztofa i kiedy usłyszała jego nazwisko, domyśliła się, co się stało.

– Przyjechał pan, żeby nas poinformować, że babcia nie żyje i nie będziemy dostawać więcej przelewów w jej imieniu, tak? – zapytała. Krzysztof **zawstydził się**, bo gdyby nie był ciekawy powodu przelewów, w ogóle by nie pomyślał, żeby poinformować dom opieki o ich anulowaniu.

– Tak. Chciałem też się dowiedzieć, jaki związek miała babcia z tym miejscem.

– Chce pan powiedzieć: dlaczego pana babcia wysyłała wszystkie pieniądze, które zarobiła na książkach do nas, a nie do pana? – podsumowała Kamińska. Krzysztof wzruszył ramionami. Nie miał powodu udawać, że to nieprawda. Kobieta kontynuowała: – Kiedy pani Stanisława skontaktowała się z nami piętnaście lat temu, poprosiła mnie, żebym nie mówiła nikomu tej historii aż do jej śmierci. Teraz chyba jest właśnie ten moment. – Wstała i podeszła do okna, przy którym stał stolik, a na nim kubki i czajnik. – Herbaty? – zaproponowała.

– Tak, poproszę.

– Pięćdziesiąt lat temu pana babcia miała romans. Z tego co mówiła, pana dziadek był dziennikarzem i czasami nie było go w kraju przez kilka miesięcy. Zaszła w ciążę i zdecydowała, że kiedy jej mąż wróci, powie mu prawdę. Nie chciała pisać mu o tym w liście. Chłopiec urodził się niepełnosprawny. Lekarze powiedzieli, że nigdy nie będzie ani chodził, ani mówił. Mężczyzna, z którym spotykała się pana babcia, chciał się nimi zaopiekować i prosił, żeby odeszła od męża, i wyjechała z nim i dzieckiem, ale pani Stanisława zdała sobie wtedy sprawę, że ona nie chce spędzić życia jako pielęgniarka swojego dziecka. Jej mąż miał wkrótce wrócić, więc zdecydowała, że odda dziecko do naszego domu opieki. Zostawiła z nim trochę pieniędzy i poprosiła nas o dyskrecję. **Obiecała**, że będzie go odwiedzać, ale nigdy tego nie zrobiła. Chłopiec umarł trzy lata później. Pani Stanisława całe życie myślała o swoim synu i właśnie dlatego zdecydowała się wspierać finansowo nasz dom opieki.

Krzysztof był w szoku. Nigdy nie słyszał tej historii, chociaż myślał, że babcia opowiadała mu o wszystkim. Znał na pamięć historie z jej dzieciństwa, ale najwidoczniej nie wiedział o niej nic. Teraz był jeszcze bardziej zły na babcię. Również dlatego, że po usłyszeniu tej historii, nie mógł tak po prostu anulować przelewów dla domu. Może nie był idealnym człowiekiem, może pieniądze odgrywały w jego życiu wielką rolę, ale miał w sobie też trochę empatii. Poza tym tego właśnie chciała babcia.

– Jest mi bardzo przykro z powodu jej śmierci, ale nie tylko ze <u>względu</u> na **dotacje**. Mogę powiedzieć, że <u>przyjaźniłyśmy się</u>. Przez lata czytałam jej powieści i pomagałam jej je edytować. Są piękne, mądre. Powinien pan je przeczytać, jeśli jeszcze pan tego nie zrobił. Wiem, że ostatnio pisała kolejną, ostatnią część *Jesiennej miłości*. Bardzo szybko pisała, jakby czuła, że nie skończy. Dała mi kilka pierwszych **rozdziałów** do przeczytania. – Kobieta otworzyła szufladę biurka i wyjęła z niej kartki z czerwonymi komentarzami. – Może to głupio zabrzmi, ale słyszałam, że zanim pan otworzył swoje wydawnictwo, też pan pisał. Może chciałby pan dokończyć tę książkę za babcię. Wiem, że to nie jest gatunek dla mężczyzny, ale może pan mi uwierzyć, wiele kobiet będzie panu **wdzięcznych**.

Krzysztof zaśmiał się, wziął do ręki plik kartek i włożył je do plecaka. Dopił herbatę i wstał.

– **Wątpię**, ale dziękuję za propozycję. Będziemy w kontakcie w sprawie przelewów. Nie **zostawię państwa na lodzie**, ale muszę najpierw porozmawiać z prawnikiem.

Następnego dnia rano Krzysztof wrócił do Gdańska. Po drodze kupił książki babci, które przeczytał w jeden wieczór. Nie było w nich ani morderstw, ani scen erotycznych, ale Krzysztof nie mógł przestać czytać całą noc. Kiedy czytał, czuł rękę babci na ramieniu i słyszał jej spokojny głos: „**Wszystko się ułoży**". Po raz pierwszy od bardzo dawna czuł się naprawdę spokojny. Kiedy skończył czytać strony, które dała mu pani Kamińska, przypomniał sobie o jej sugestii. Książka była prawie skończona, brakowało tylko kilku rozdziałów. Chociaż nie pisał od kilkunastu lat, usiadł do komputera i po prostu zaczął. Niczego nie planował. Słowa same wychodziły spod jego palców, jakby to nie on, ale ktoś za niego pisał tę historię. W ciągu dwóch tygodni skończył powieść i zadzwonił do Woźnickiego, żeby poinformować go, że jego czytelnicy nie muszą się martwić o ostatnią część. Była już gotowa.

Ostatnia część *Jesiennej miłości* zaskoczyła nawet krytyków, którzy pisali, że styl Pauli Warszauer w końcu **nabrał kolorów**. Krzysztof zarobił na książce wystarczająco dużo, żeby uratować wydawnictwo, ale zdecydował się je sprzedać osobom, które miały więcej energii i serce do biznesu. On sam przeprowadził się do mieszkania babci w Krakowie, kupił wygodny fotel i wielkie biurko, przy którym mógł opowiadać historie ludzi, którzy w większości książek są tylko bohaterami drugiego planu.

1 Odpowiedz na pytania.
Answer the questions.

1. Jaka informacja była w kopercie, którą dostał Krzysztof?
   That he was rejected for a loan for new printers

2. Dlaczego Krzysztof był zaskoczony śmiercią babci?
   Nigdy nie chorowała.

3. Czym zajmowała się babcia w sekrecie?
   Pani Zofia.

4. Co babcia robiła z pieniędzmi, które zarabiała?
   Ona przekazywała fundacji.

5. W jaki sposób Krzysztof uratował firmę?
   Zarobił na książce i potem sprzedał ją.

2 Zaznacz jedną prawidłową odpowiedź.
Choose the correct answer.

1. Na początku historii Krzysztof był
   a) rozczarowany.
   b) zadowolony.
   c) zawstydzony. ✓

2. Firma Krzysztofa to
   a) dom opieki.
   b) wydawnictwo. ✓
   c) drukarnia.

3. Babcia pisała książki o
   a) starości. ✓
   b) miłości.
   c) samotności.

4. Babcia umarła
   a) na atak serca. ✓
   b) na raka.
   c) w wypadku samochodowym.

3 Połącz słowa z definicjami.
Match the words with their definitions.

1. czytelnik
2. powieść
3. opowiadanie
4. rozdział
5. wydawnictwo
6. tantiemy
7. recenzja
8. bohater

a) długa, fikcyjna historia
b) pieniądze, które dostaje autor
c) firma, która publikuje książki
d) osoba, o której jest książka
e) osoba, która czyta
f) część książki; czasem ma numer, a czasem tytuł
g) krótka historia
h) opinia o książce

4 Połącz zdania spójnikiem „żeby" jak w przykładzie.
Combine the sentences using the conjunction "żeby" as shown in the example.

0. Kobieta nie chciała. Czytelnicy myślą, że ta historia jest o niej.
   Kobieta nie chciała, żeby czytelnicy myśleli, że ta historia jest o niej.

1. Mama wolałaby. Nie czytasz zbyt wielu romansów.
   Mama wolałaby, żebyś nie czytała zbyt wielu romansów.

2. Szef prosi. Napiszecie recenzje powieści do piątku.
   Szef prosi, żebyście napisali recenzje powieści do piątku.

3. Babcia powiedziała. Nie mówię nikomu o opowiadaniach.
   Babcia powiedziała, żebym nie mówił nikomu o opowiadaniach.

4. Przyjechałem. My podpiszemy umowę.
   przyjechałem, żebyśmy podpisali umowę

5. Dam ci czas. Dokończysz czytać rozdział, a potem pójdziemy na spacer.
   Dam ci czas, żebyś dokończył czytać rozdział.

5 W jakiej sytuacji powiesz...
In what situation would you say...

1. Wszystko się ułoży.

....

2. Moje kondolencje.

....

3. Wątpię, ale dziękuję za propozycję.

....

4. Nie zostawię cię na lodzie.

....

5. Z księżyca spadłeś?!

....

6 Dokończ zdania.
Complete the sentences.

1. Jest mi bardzo przykro, że ....

....

....

2. Proszę przekazać mężowi, że ....

....

....

3. Nie mów na razie nikomu, że ....

....

....

4. Z tego co wiem ....

....

....

5. Byłem/am przerażony/a, kiedy ....

....

....

SŁOWNICTWO

anulować – to cancel
bluszcz – ivy
bohater – protagonist
czytelnik – reader
dochód – income
dojrzały – mature
dostać SMS-a – to receive a text message
dotacje – grants
dzieciństwo – childhood
koperta – envelope
Idiom *nabrać kolorów* – to become more interesting
nazwa rośliny – plant name
niepełnosprawny – disabled
nieznany numer – unknown number
obiecywać / obiecać – to promise
oddzwaniać / oddzwonić – to call back
opowiadanie – story
pieczarka, która długo leżała w lodówce – mushroom that stayed long in a refrigerator
podpowiadać / podpowiedzieć – to give a hint
pogrzeb – funeral
powieść – novel
przelew – bank transfer / wire transfer
przerażony – terrified
przetwory – preserves
ratować / uratować – to rescue
rozdział – chapter
rozłożyć ręce – to throw up one's hands
Idiom *siedzieć na pieniądzach* – to be very rich / to be made of money
skrzynka na listy – letter box
Idiom *spaść z księżyca* – to be born yesterday
spieszyć się / pospieszyć się – to hurry
tantiemy – royalties
uczucie – feeling
wątpić / zwątpić – to doubt
wdzięczny – grateful
wstydzić się / zawstydzić się – to be embarrased
wszystko się ułoży – everything will be fine
wydawnictwo – publishing house
wyjątkowy – unique
wzruszający – moving
wzruszyć ramionami – to shrug
zamrożony – frozen
Idiom *zostawić na lodzie* – to leave high and dry

---

7 Atlas grzybów [rodzina: dziecko, styl życia]

Katarzyna nie lubiła swojej córki, chociaż zawsze wiedziała, że chce być mamą. To było dla niej tak oczywiste, jak to, że herbatę pijemy z cytryną, w domu zdejmuje się buty, a na obiad musi być zupa. Kiedy zaraz po studiach poznała Krzysztofa, starszego od siebie o dwadzieścia lat pisarza, wiedziała, że chce mieć z nim dzieci. On też nie **miał nic przeciwko**. Wszystko poszło bardzo szybko. W styczniu Katarzyna i Krzysztof wzięli ślub, w lipcu urodziła się Gabriela, a w listopadzie Krzysztof umarł na atak serca. To był szok dla wszystkich. Krzysztof był wysportowany i zdrowy. Był wegetarianinem, mało pił i nigdy nie palił papierosów. Katarzyna została sama z małym dzieckiem. Wszyscy znajomi i rodzina chcieli jej pomóc, ale ona nie chciała z nikim rozmawiać. Zamknęła się z Gabrielą w wielkim mieszkaniu Krzysztofa, które wyglądało tak, jakby czas w nim nie **istniał**. W każdym pokoju były książki i meble z różnych okresów. W salonie stała lampa z lat dwudziestych obok stołu z lat sześćdziesiątych. Na ścianie wisiał portret pradziadka Krzysztofa, a pod portretem stał nowy fotel z Ikei. Wśród tych przedmiotów, książek i notatek Krzysztofa Katarzyna czuła, jakby jej mąż nadal żył. Spędzała dużo czasu za jego **ogromnym** biurkiem i czytała fragmenty książki, którą pisał. To była powieść o piosenkarce, która była kiedyś gwiazdą, a potem nikt o niej nie pamiętał. Pewnego wieczoru, po trzech kieliszkach wina Katarzyna znowu usiadła przy biurku i zaczęła pisać. Historia, którą zaczął jej mąż, nie skończyła się razem z jego śmiercią. Od tego wieczora Katarzyna pisała cały czas z krótkimi przerwami na **karmienie, przebieranie** dziecka, jedzenie i spanie. Dwa miesiące później książka była skończona. Kobieta zadzwoniła do agenta swojego męża.

Od tego momentu Katarzyna stała się popularną pisarką. Niektórzy krytycy pisali, że jej popularność była możliwa tylko dzięki śmierci męża, ale większość uwielbiała jej świeży, dynamiczny styl. W ciągu pięciu następnych lat dostała dwie nagrody Nike[1], wzięła udział w wielu festiwalach literackich i spotkaniach z czytelnikami.

---

[1] Nagroda literacka w Polsce.

Zapraszała do siebie wielu pisarzy i poetów. Czasem grupa ludzi siedziała w jej salonie całą noc, piła wino i dyskutowała o emocjach w jednym wierszu tak głośno, że sąsiedzi dzwonili po policję. Katarzyna uwielbiała ten styl życia. Wiedziała, że żyje życiem swojego męża, ale ona też lubiła być znana i kochała swoją kreatywność.

Jej córka nie pasowała do tego. Nie spała dobrze i często chorowała, dlatego miała nianię. Niania wiedziała, że kiedy drzwi do biura Katarzyny są zamknięte, nie można jej **przeszkadzać**. Nawet jeśli Gabriela ma gorączkę, wymiotuje albo nie może zasnąć. Kiedy Katarzyna pisała, mogło być tornado, atak Marsjan albo Armagedon, jej nie było dla nikogo.

Dopiero kiedy Gabriela skończyła cztery lata i zaczęła mówić, Katarzyna pomyślała, że dziecko jej i Krzysztofa musi mieć talent! Zaczęła spędzać z nią więcej czasu. Codziennie przez kilka godzin czytała jej książki dla dzieci. Ale nie jakieś głupie książki o świniach czy psach-policjantach. Czytała jej **mity** i legendy z różnych kultur. Chciała, żeby Gabriela od dziecka znała tylko dobrą literaturę i nie interesowała się kulturą popularną, więc dziewczynka nie mogła ani oglądać **kreskówek** w telewizji, ani grać w gry na komputerze. Zamiast tego niania miała ćwiczyć z Gabrielą wiersze, bo goście Katarzyny bardzo lubili słuchać dzieci, które recytują klasyczną poezję.

Pewnego wieczora, kiedy mieszkanie było pełne artystów, Katarzyna poprosiła wszystkich, żeby usiedli i byli cicho, bo teraz Gabriela będzie recytować wiersze Herberta[2]. Mała dziewczynka trzymała mamę mocno za rękę i patrzyła na obcych ludzi. Była bardzo zdenerwowana, ale mama obiecała jej, że jeśli powie dwa wiersze, będzie mogła zjeść dwie porcje lodów. Gabriela wyglądała bardzo ładnie w różowej sukience w kropki, białych rajstopach i czerwonych, eleganckich butach. W końcu otworzyła usta, żeby mówić. Goście patrzyli na nią podekscytowani i uśmiechali się do niej miło. Nagle Gabriela powiedziała: „Muszę siku!" i pobiegła do łazienki, ale wszyscy widzieli już, że było za późno.

Tego wieczora Gabriela nie zjadła ani jednej porcji lodów. Od tej pory Katarzyna wiedziała, że nie lubi swojej córki. Cały czas próbowała ją nauczyć miłości do literatury i sztuki, ale Gabriela była dziwnym dzieckiem. W przedszkolu nudziła się, kiedy pani czytała bajki. Na spacerze zawsze **przytulała** wszystkie spotkane psy, a do domu zawsze wracała brudna. Kiedy poszła do szkoły, nauczycielka nie mówiła Katarzynie wielu pozytywnych rzeczy o jej córce. Było tak, jakby Gabriela nie pamiętała kompletnie nic z książek, które mama jej codziennie czytała. Chociaż chodziła na zajęcia z kreatywnego pisania dla dzieci, jej historie były **przeciętne**. Ani dobre, ani złe. Były

---

[2] Zbigniew Herbert, znany polski poeta.

historiami typowego dziecka w jej wieku, a nie córki dwojga zdolnych pisarzy. Katarzyna była **rozczarowana** i zaczęła spędzać z córką jeszcze mniej czasu.

Zbliżały się dziesiąte urodziny Gabrieli. Niania przypomniała Katarzynie, że powinna zorganizować przyjęcie. Kobieta zgodziła się bez entuzjazmu. Zaprosiła swoich znajomych, którzy mieli dzieci. Tym razem na przyjęcie zaprosiła też swojego ojca. Mężczyzna mieszkał na Podlasiu i bardzo rzadko spotykał się z wnuczką. Był prostym człowiekiem, rolnikiem. Katarzyna od czasu do czasu do niego dzwoniła, ale rozmowa nigdy nie była ani długa, ani ciekawa. Nie zabierała też do niego swojej córki, bo uważała, że w weekend można robić dużo więcej ciekawych rzeczy.

Dziadek był bardzo podekscytowany spotkaniem ze swoją jedyną wnuczką. Z okazji urodzin kupił dla niej książkę z legendami z Podlasia. Nad ranem, kiedy pakował się na pociąg, przypomniał sobie, że nie zapakował ładnie swojego prezentu. W szafce w kuchni znalazł stary papier do pakowania, który wiele lat temu kupiła jego żona. Ponieważ nigdzie nie mógł znaleźć okularów, a do pociągu zostało mu tylko pół godziny, szybko zapakował książkę, włożył ją do torby i wyszedł z domu. Był podekscytowany jak dziecko, kiedy kilka godzin później Gabriela rozpakowywała jego prezent.

– *Atlas Grzybów* – krzyknęła szczęśliwa i przytuliła dziadka. – To wspaniały prezent. Dziękuję kochany dziadku! – powiedziała.

Dziadek był zdziwiony i zawstydzony. *Atlas Grzybów* był ostatnią książką, którą czytał wieczorem, zanim poszedł spać. Musiał zostawić go na stole i zapakować zamiast legend. Katarzyna popatrzyła na niego zdziwiona. Kilkoro innych gości zaczęło się śmiać, a Gabriela zabrała książkę do swojego pokoju i zamknęła drzwi. Była zmęczona imprezą. Poza tym grzyby wydawały jej się bardziej interesujące niż inne dzieci. Oglądała z zainteresowaniem zdjęcia borowików, muchomorów i kurek. Czytała jak rozróżnić jadalne grzyby od trujących i zastanawiała się, dlaczego te trujące są zwykle dużo ładniejsze od jadalnych. Wieczorem wyszła z pokoju i znalazła dziadka w kuchni. Oglądał telewizję, w której leciał program dokumentalny o ptakach.

– Dziadku, czy ty dużo wiesz o grzybach?

– Trochę wiem, ale nie wszystko. Dlatego mam *Atlas*.

– A pokażesz mi, gdzie rośnie dużo grzybów?

– Pewnie, ale musisz mnie odwiedzić w Hajnówce[3].

– Nie wiem, czy mi mama pozwoli.

– Może jak ją razem poprosimy, to pozwoli? – Dziadek obiecał pomóc. Dziewczynka bardzo się ucieszyła.

---

[3] Małe miasto w północno-wschodniej Polsce.

Nie było łatwo. Na początku Katarzyna nie chciała, żeby Gabriela pojechała na wieś. I tak była już dziwna i dzika. W końcu jednak zgodziła się i obiecała, że dziewczynka będzie mogła spędzić u dziadka jeden tydzień wakacji.

Gabriela nie mogła doczekać się wizyty u dziadka. Codziennie czytała swój *Atlas Grzybów*. Uczyła się z niego informacji na pamięć. Kiedy skończyła, znalazła w bibliotece *Atlas Owadów* oraz *Atlas Ptaków*. Chciała się przygotować na spacery po lesie z dziadkiem. Nowe hobby nie za bardzo podobało się jej mamie. Ona nie widziała nic specjalnego ani w grzybach, ani w owadach. Może nawet kolorowe motyle albo egzotyczne zwierzęta mogłyby być interesujące, ale grzyby i owady? Katarzyna nienawidziła jednych i drugich. Spędziła dzieciństwo na wsi i pamiętała, jak bardzo irytujące są tam muchy w dzień i komary w nocy. Chodzenie na grzyby pamiętała jako karę. W sezonie musiała wstawać wcześnie rano, czasem nawet o piątej, zakładać **kalosze**, brać do ręki koszyk i iść z rodzicami do lasu na grzyby. Odkąd przyjechała do Warszawy, ani razu nie pomyślała, żeby znowu to zrobić.

Dom dziadka był większy i starszy, niż Gabriela sobie go wyobrażała. Było w nim trochę ciemno, miał za dużo ciemnych mebli i dziwnie **pachniał**, ale dziewczynka była bardzo podekscytowana, że spędzi cały tydzień na wsi. Pierwszy dzień spędziła na otwieraniu wszystkich szafek i oglądaniu starych rzeczy, które dziadek zbierał od wielu lat i nigdy nie mógł wyrzucić. Znalazła tam stare sukienki swojej mamy i zdjęcia z jej dzieciństwa. Znalazła też maszynę do pisania i kilka innych **urządzeń**, których nie umiała użyć. Była tam też stara **lupa**. Gabriela zabrała ją do ogrodu. Rozłożyła koc na trawie i zaczęła obserwować robaki przez lupę. Po kilku godzinach znalazł ją tam dziadek. Usiadł obok niej i zapytał:

– Co tam robisz?

– A nic, obserwuję **mrówki** i **dżdżownice.**

– Nie chcesz nic poczytać? Mama zapakowała ci dużo książek.

– Nie!

Mężczyzna uśmiechnął się i pogłaskał Gabrielę po głowie.

– Dziadku, powiedz mi coś.

– Jasne. Co takiego?

– Dlaczego ty możesz mieszkać w lesie, czytasz tylko gazety i możesz spacerować rano z kurami, a ja muszę czytać książki, nie mogę oglądać telewizji i muszę zawsze mieć czyste ręce?

– Och. – Dziadek się zastanowił. – Ja też kiedyś musiałem czytać książki i chodzić do szkoły. Jak będziesz duża, to sama zdecydujesz, co chcesz robić, a czego nie chcesz.

– Ja już wiem, że chcę mieć kury i **ule z pszczołami**, jak ty!

Gabriela uśmiechnęła się szeroko, a dziadek dodał:

– Pożyjemy, zobaczymy. Musisz być już bardzo głodna. Chodź, usmażymy jajecznicę.

Od dwóch dni było bardzo gorąco. Na niebie nie było ani jednej chmury. Dziadek i Gabriela siedzieli przy stole przed domem, pod dachem z winogrona i kroili śliwki na ciasto, kiedy przyjechała Katarzyna. Gabriela wiedziała, że to jej ostatni dzień na wsi, więc od rana nic nie mówiła. Patrzyła na mamę, która wyglądała bardzo elegancko w żółtej, krótkiej sukience i kapeluszu przeciwsłonecznym. Katarzyna usiadła przy córce i zapytała:

– Spakowana? Wracamy do domu?

Gabriela i dziadek popatrzyli na siebie smutno.

– Możemy zostać jeszcze jeden dzień? Dziadek miał mi pokazać, gdzie w lesie można znaleźć **jeżyny**, ale jeszcze nie mieliśmy na to czasu!

To nie była prawda. W ciągu poprzedniego tygodnia dziadek i Gabriela byli w lesie prawie codziennie. Gabriela poznała wszystkie miejsca z jeżynami, jagodami i nauczyła się zbierać grzyby. Zobaczyła w lesie dwa lisy, a raz nawet jelenia. Oprócz tego przez cały dzień pomagała dziadkowi robić dżemy i ogórki kiszone, wiedziała już, gdzie kury znoszą jajka oraz jak robić śmietanę ze świeżego mleka. Chciała po prostu spędzić jeszcze jeden dzień na wsi.

– Nie ma takiej możliwości. Jutro rano mam ważne spotkanie w Warszawie, więc musimy wyjechać najpóźniej o czternastej.

– To przynajmniej zjemy razem obiad? – zapytał dziadek. – Zupa się już gotuje i zaraz wstawiam ciasto do piekarnika.

Gabriela się uśmiechnęła, a Katarzyna wzruszyła ramionami.

– W porządku.

Przed obiadem Gabriela chciała pokazać mamie całe gospodarstwo. Chociaż Katarzyna nie miała tego w planach, była tak zmęczona **upałem**, że pozwoliła córce **ciągnąć się za rękę** i pokazywać sobie kury z małymi kurczakami, z których każdy nosił teraz imię greckiego boga. „Ten tutaj to Ares, bo ciągle kłóci się z innymi kurczakami", wyjaśniała dziewczynka. Potem spotkały krowę, która leżała pod drzewem. Dookoła niej było pełno jabłek. „Ta krowa to Zagłoba[4]. Jest ciągle pijana!", wyjaśniła Gabriela. „Codziennie je te sfermentowane jabłka, a potem śpi i **beka**". Następnie poszły na łąkę, na której rosły polne kwiaty. Gabriela **zrywała** je i robiła z nich wielki, chaotyczny bukiet. Chociaż Katarzyna nigdy nie tęskniła za życiem na wsi, widok złotego pola z czerwonymi kwiatami, gorącego wiatru, który wiał jej prosto w twarz i owadów, które ciągle siadały jej na twarzy i rękach sprawiały, że chciała to opisać.

----
[4] Zagłoba to nazwisko znanego bohatera „Trylogii" Henryka Sienkiewicza.

Kiedy wróciły, obiad już stał na stole. Gorące ziemniaki z **koperkiem** leżały na talerzu. Pachniało smażonym mięsem. Rodzina jadła i nic nie mówiła, bo ani ojciec, ani córka nie mieli za bardzo o czym rozmawiać. Jedyną rozmowną osobą była Gabriela, ale ona ciągle patrzyła smutno na zegarek i próbowała zatrzymać czas. Po obiedzie dziadek zrobił herbatę i przyniósł ciasto. Zapach gorącego cukru i owoców podobał się nie tylko ludziom, ale też muchom i osom, które przyleciały na deser bez zaproszenia. Gabriela uwielbiała słodycze, więc pierwsza zaczęła jeść. Nagle krzyknęła:

– Osa! Osa mnie **użądliła**!

Policzek dziewczynki zrobił się duży i czerwony. Gabriela oddychała szybko. To nie była lekka reakcja alergiczna. Katarzyna popatrzyła na ojca. Żadne z nich nie miało **uczulenia** na osy, więc nie mieli specjalnych leków.

– Kasiu, biegnij do pani Kwaśniewskiej. Jej córka ma alergię i zawsze mają w domu lekarstwo.

– Nie lepiej do szpitala?

– Ja już dzwonię po karetkę, ale może minąć dużo czasu, zanim przyjadą. Biegnij!

Katarzyna popatrzyła jeszcze raz na córkę. Dziewczynka leżała teraz na ławce, miała łzy w oczach i była bardzo czerwona. Kobieta zdjęła z nóg buty na obcasie i pobiegła **boso** do sąsiadki, która mieszkała dwa domy dalej. Na szczęście pani Kwaśniewska była w domu i wiedziała, gdzie są leki jej córki. Wszystko działo się bardzo szybko i już po kilku minutach Katarzyna była z powrotem, zrobiła córce **zastrzyk** i dziewczynka wkrótce mogła lepiej oddychać. Karetka przyjechała dopiero pół godziny później. Ratownicy **zmierzyli** Gabrieli **ciśnienie** i odjechali.

Dziewczynka spędziła cały wieczór w łóżku. Była słaba i było jej niedobrze. Pierwszy raz w życiu Katarzyna siedziała przez kilka godzin przy chorej córce.

– Widzisz, na wsi jest niebezpiecznie – powiedziała.

– Nie żartuj, mamo. To nie wina osy, tylko moja. One nie atakują bez powodu. Tylko kiedy ktoś szybko się rusza albo coś intensywnie pachnie. Ta osa po prostu wiedziała, że dziadek piecze najlepsze ciasta ze śliwkami i chciała całe dla siebie i swoich koleżanek!

Katarzyna popatrzyła na córkę. W tym momencie zrozumiała, jak inna była od niej. Gabriela nie lubiła literatury i nie była kreatywna, ale rozumiała świat natury dużo lepiej niż matka. Katarzyna poczuła się z niej dumna jak nigdy wcześniej. Położyła się obok córki, pocałowała ją w głowę i wkrótce obie zasnęły.

1 Zaznacz – prawda czy nieprawda?
True or false?

	PRAWDA	NIEPRAWDA
1. Mąż Katarzyny był w tym samym wieku co ona.		
2. Katarzyna zdobyła popularność, bo sprzedawała książki swojego męża.		
3. Gabriela nie miała talentu pisarskiego.		
4. Dziadek Gabrieli mieszkał blisko lasu.		
5. Osa użądliła Gabrielę, bo miała na sobie jasne ubranie.		

2 Zgadnij, co to jest.
Guess what it is.

1. Trujący grzyb, który ma czerwony kapelusz w kropki – ....
2. Długi robak, którego można spotkać na chodniku po deszczu – ....
3. Książka ze zdjęciami owadów, grzybów lub ptaków – ....
4. Owad, który wygląda trochę jak pszczoła, ale nie robi miodu – ....
5. Czarny i głośny owad, który często irytuje ludzi – ....
6. Gumowe buty, które nosimy, kiedy pada deszcz – ....

3 Dopasuj słowa z listy do odpowiednich kategorii.
Put the words in the right categories.

muchomor · kurka · motyl · trujące · osa ·
komar · mucha · użądlić · borowik · jadalne

GRZYBY	OWADY

4 Połącz słowa, aby utworzyły sensowne kolokacje.
Match the words to create logical phrases.

1. kwiat   a) żądli
2. kura   b) wieje
3. osa   c) pachnie
4. wiatr   d) ciągnie mamę za rękę
5. ciasto   e) rośnie
6. dziecko   f) znosi jajka

5 Wstaw w puste pola spójniki z listy.
Complete the sentences with the conjunctions from the list.

ale · chociaż x2 · że x2 · więc · ani x2 · jakby ·
a x2 · dopiero · czy · ponieważ · zanim

1. Katarzyna nie lubiła swojej córki, ... zawsze wiedziała, że chce być mamą.

2. Mieszkanie Krzysztofa wyglądało .... czas nie istniał.

3. Na ścianie wisiał portret pradziadka Krzysztofa, ... pod portretem stał nowy fotel z Ikei.

4. Nie pisała na papierze, ... na komputerze.

5. Czasem grupa ludzi dyskutowała o emocjach w jednym wierszu tak głośno, ... sąsiedzi dzwonili po policję.

6. .... kiedy Gabriela skończyła cztery lata i zaczęła mówić, Katarzyna pomyślała, że dziecko jej i Krzysztofa musi mieć talent.

7. Katarzyna czytała jej książki, ale nie jakieś głupie książki o świniach .... psach -policjantach.

8. Dziewczynka nie mogła .... oglądać kreskówek w telewizji, ... grać w interaktywne gry na komputerze.

9. „Atlas Grzybów" był ostatnią książką, którą czytał wieczorem, ... poszedł spać.

10. .... chodziła na zajęcia z kreatywnego pisania dla dzieci, jej historie były przeciętne.

11. .... nigdzie nie mógł znaleźć okularów, ... do pociągu zostało mu tylko pół godziny, szybko zapakował książkę.

12. Gabriela wiedziała, ... to jej ostatni dzień na wsi, ... od rana nic nie mówiła.

6 W puste pola wpisz zaimek *który* w prawidłowej formie.

Fill in the blanks with the correct form of the pronoun który.

1. Katarzyna czytała fragmenty książki, ... pisał Krzysztof.
2. To była powieść o piosenkarce, ... była kiedyś gwiazdą.
3. Zaprosiła swoich znajomych, ... mieli dzieci.
4. „Atlas Grzybów" był ostatnią książką, ... czytał wieczorem zanim poszedł spać.
5. Oglądał program, w .... emitowano program dokumentalny o ptakach.
6. Znalazła też maszynę do pisania i kilka innych urządzeń, ... nie umiała użyć.
7. Następnie poszły na łąkę, na .... rosły polne kwiaty.
8. Katarzyna była tak zmęczona upałem, że pozwoliła córce ciągnąć się za rękę i pokazywać sobie kury z małymi kurczakami, z .... każdy nosił teraz imię greckiego boga.
9. Zapach gorącego cukru i owoców podobał się muchom i osom, ... przyleciały na deser bez zaproszenia.

7 Dokończ zdania.
Finish the sentences.

1. Od tego momentu ....
   ....
2. Ciągle pamiętam, jak ....
   ....
3. Z okazji urodzin ....
   ....
4. Nie mogę się doczekać ....
   ....
5. Nie mam nic przeciwko, żeby ....
   ....

SŁOWNICTWO

bekać – to burp
boso – barefoot
ciągnąć za rękę – pull on sb's arm
istnieć – to exist
jeżyny – blackberries / wildberries
kalosze – rubber boots / wellies
karmić / nakarmić – to feed
koperek – dill
kreskówki – cartoons
krzyczeć / krzyknąć – to shout
lupa – magnifying glass
mieć coś przeciwko – to have something against
mrówki – ants
ogromny – huge
pachnieć – to smell
przebierać / przebrać – to change (clothes)
przeciętny – mediocre
przeszkadzać / przeszkodzić – to bother / to interrupt
przytulać / przytulić – to hug
pszczoły – bees
rozczarowany – dissapointed
uczulenie – allergy
ul – hive
upał – heat
urządzenie – device
zastrzyk – injection
zbliżać się / zbliżyć się – to come closer
zmierzyć ciśnienie – to measure blood pressure
zrywać – to pick
żądlić / użądlić – to sting

8 Henio szuka domu [*pies*]

Ulubiony zapach Henia to zapach kiełbasy. Zawsze, kiedy pani Danuta robiła sobie kolację, Henio biegł po kuchni i prosił ją o kawałek. Pani Danuta, z którą Henio mieszkał, od kiedy był szczeniakiem, miała miękkie serce i zwykle dzieliła się z Heniem kolacją, dlatego Henio był trochę gruby. Tego wieczora kobieta jak zwykle dała mu jeść i **nalała** wody do miski, a po kolacji usiadła na kanapie w salonie i włączyła telewizor. W pokoju było ciemno i Henio był śpiący, więc **wskoczył** na kanapę, przytulił się do swojej pani i zasnął. Kiedy się obudził, było już jasno, ale telewizor był nadal włączony, a pani Danuta nadal siedziała na kanapie. Henio chciał się z nią przywitać. Wskoczył jej na kolana i zaczął ją **lizać** po twarzy, ale ona się nie ruszała. To nie było normalne, ale Henio nie myślał nad tym długo. **Zeskoczył** z kanapy i poszedł do kuchni. W jego misce była woda, ale nie było karmy, więc wrócił do salonu i zaczął **biegać w kółko**, żeby pani Danuta zobaczyła, że jest głodny. Niestety, ona nadal siedziała na kanapie i się nie ruszała. W tej sytuacji Henio zdecydował, że po prostu poczeka, aż pani się obudzi. Położył się na dywanie i zaczął gryźć swoją zieloną, piszczącą piłkę.

Minął cały dzień i Henio był już bardzo, bardzo głodny. Umierał z głodu. Do tego bolał go brzuch, bo nie był jeszcze na spacerze. **Szczekał** na panią Danutę, ale ona nie reagowała, więc zaczął **wyć** głośno, coraz głośniej. W końcu zdecydował, że musi **zrobić siku** na podłogę, chociaż wiedział, że pani Danuta będzie zła, kiedy to zobaczy.

Następnego dnia rano do mieszkania weszła córka pani Danuty. Henio bardzo się ucieszył. Zaczął na nią skakać, ale ona nie chciała się z nim bawić. Weszła do salonu i zaczęła płakać. W końcu **nakarmiła** Henia, ale on czuł się niespokojny i nie miał dużego apetytu. Coś było nie tak. Do mieszkania przyszli nowi ludzie, ale nikt nie zwracał na niego uwagi. Nikt nie chciał rzucać mu piłki i kuchnia wieczorem nie pachniała kiełbasą. Nigdzie nie było też pani Danuty!

Przez następnych kilka dni Henio mieszkał z córką pani Danuty, ale w jej domu nikt nie pozwalał mu spać na kanapie i nikt go nawet nie **głaskał**! Wszyscy **kaszleli** i **kichali**, kiedy chciał ich polizać albo się do nich przytulić. Po kilku dniach zawieźli go do **schroniska**, gdzie wiele smutnych psów w **klatkach** szczekało głośno i wyło. Henio też teraz był w klatce i też zaczął wyć głośno ze strachu i smutku. Nie rozumiał, gdzie była jego pani, dlaczego już nie mógł bawić się swoją zieloną piłką i dlaczego cały czas było mu zimno!

Wiele psów w schronisku nie było miłych. Czasem próbował się z nimi bawić, ale one **warczały** na niego albo próbowały go **ugryźć**. Musiał wtedy uciekać i **chować się** w kącie. Inne psy były apatyczne. Nie szczekały i nie biegały. Nie reagowały, kiedy ludzie przychodzili do klatek i dawali im jedzenie. Tylko od czasu do czasu podchodziły do miski i jadły trochę, ale potem wracały do **budy** i spały. Co kilka dni grupa młodych ludzi przychodziła do schroniska i otwierała klatki. Zakładali psom **smycze**, a niektórym, dużym psom też **kagańce** i szli z nimi na spacer. Wszystkie psy – i te smutne, i te agresywne były wtedy podekscytowane. Niektóre nawet **machały ogonami**, ale po godzinie, kiedy wracały do klatek, ich oczy znowu były smutne i puste.

Henio długo nie mógł się przyzwyczaić do nowego domu. Przez wiele tygodni śnił mu się miękki dywan w salonie, **wiewiórki** w parku, do którego zawsze chodził na spacery i pies sąsiadów, z którym zawsze na siebie szczekali. Potem budził się i widział tylko budy, klatki i inne psy, które już od dawna nie pamiętały, jak to jest mieć kogoś, kto ich kocha. W końcu Henio też zapomniał. Jego oczy też stały się puste. Kiedyś wszyscy ludzie mówili, że Henio ma piękną, brązową, błyszczącą **sierść** i głaskali go, ale teraz jego sierść była szara i matowa.

Dwa lata po śmierci pani Danuty młody mężczyzna przyszedł do schroniska. Spacerował między klatkami z jednym z pracowników i oglądał psy. Niektóre psy, które kiedyś miały domy, ożywiły się, podchodziły do **ogrodzenia** i próbowały się jak najlepiej prezentować.

– Szukam hipoalergicznego, niedużego psa, który będzie dobry z dziećmi – mówił mężczyzna.

– Żaden pies nie gwarantuje, że nie będzie miał pan alergii… – odpowiadał pracownik.

– Słyszałem, że pudle są hipoalergiczne…

– Hmm… mamy tutaj psa w typie pudla. Jest nieduży, spokojny, ma 7 lat, ale jest zdrowy.

Mężczyźni podeszli do klatki, w której spał Henio. Kiedy pracownik go zawołał, Henio spokojnie podszedł do ogrodzenia i uśmiechnął się do mężczyzny, który wyglądał sympatycznie. Wystawił język i zaczął machać ogonem.

– O, jaki sympatyczny pies! Musimy go wykąpać i zaprowadzić do psiego fryzjera, i będzie idealnym prezentem na święta dla moich dzieci.

– Wie pan… – zaczął nieśmiało pracownik schroniska. – Zwykle psy nie są dobrym pomysłem na prezent dla dzieci. Dzieci szybko się nudzą…

– Wiem, ale moje dzieci są inne – odpowiedział mężczyzna.

Henio wyszedł z klatki zadowolony. Nie **ufał** jeszcze nowemu właścicielowi w stu procentach, ale miał nadzieję, że czeka go nowa, ekscytująca przygoda. Nic nie mogło być gorsze niż życie w schronisku! Nowy pan i Henio pojechali prosto do fryzjera. Fryzjer wykąpał Henia, **ostrzygł** go, a nawet wymasował mu **grzbiet**. Umył mu też zęby i uszy! Henio nigdy nie był w takim wspaniałym miejscu! Teraz pachniał tak dobrze, jak park wiosną. Z radości zaczął skakać na swojego nowego pana i lizać go po rękach, a pan głaskał Henia po grzbiecie. Po fryzjerze pan i pies pojechali do nowego domu. Kiedy dzieci zobaczyły Henia, zaczęły skakać z radości. Nie spodziewały się takiego prezentu. Przytulały Henia i rzucały mu piłkę, a on grzecznie **aportował**. Kiedy cała rodzina jadła kolację wigilijną, Henio też dostał specjalne danie – grillowanego kurczaka. Zapach kurczaka był jeszcze lepszy niż zapach kiełbasy! Teraz był w niebie! Po kolacji dzieci otworzyły Heniowi drzwi do ogrodu. Na zewnątrz było pełno śniegu. Pies wybiegł z domu i skakał po śniegu jak szalony, a dzieci i ich rodzice śmiali się z niego, a potem wytarli mu mokry brzuch i **łapy**. Tej nocy rodzice pozwolili Heniowi spać w pokoju z dziećmi. Pies spał jak dziecko! Miał pełny brzuch i nową, kochającą rodzinę. Najpierw śnił o kurczaku i śniegu, w którym skakał, ale potem przyśniło mu się schronisko i psy, które go atakowały. Zaczął szczekać i wyć, aż zbudził całą rodzinę. Nie byli szczęśliwi. Dzieci wyrzuciły go z pokoju, więc resztę nocy spędził pod drzwiami.

Przez następne kilka tygodni dzieci i Henio mieli dużo dobrej zabawy. Biegali i bawili się razem, ale czasem Henio przypominał sobie złe czasy i znowu wył i szczekał. Dzieci wtedy uciekały, aż w końcu nie chciały się już z nim bawić. Minęło kilka miesięcy i już nikt nie zwracał uwagi na Henia. Czasem zapominali wyjść z nim na spacer i musiał wtedy robić siku na ich buty. To im się też nie podobało. Kiedy rodzice szli do pracy, a dzieci do szkoły, Henio czuł się bardzo samotny. Stał pod drzwiami i wył, i wył, aż w końcu bolało go gardło i nie mógł dłużej wyć. Wtedy kładł się pod drzwiami i zasypiał.

Nie był szczęśliwy w tym domu i zaczął się denerwować. Denerwowało go wszystko – ptaki za oknem, muzyka w salonie i nawet klocki lego na podłodze. Kiedyś wszedł w konstrukcję z klocków, więc dziecko zaczęło płakać i bić go, a on je ugryzł w rękę. Rodzice zaczęli krzyczeć na Henia i zamknęli go w ciemnej łazience. Znowu zaczął szczekać i wyć, a w końcu dostał biegunki i ze stresu **zwymiotował** na dywanik.

Ludzie mieli tego dość. Kilka godzin później do domu przyszedł nowy mężczyzna. Henio nigdy wcześniej go nie widział, ale nie podobał mu się. Był bardzo duży i pachniał kotami. Założył Heniowi smycz i chociaż pies nie chciał wyjść z domu, mężczyzna ciągnął go tak mocno, że pies musiał zacząć iść. Weszli do samochodu i zaczęli jechać. Henio bał się i trząsł z zimna, strachu i stresu. Kiedy dojechali do lasu, pomyślał, że ten mężczyzna nie jest taki zły. W końcu las to bardzo dużo zielonych krzaków, trawy, drzew, na które można zrobić siku. Do tego to mnóstwo interesujących zapachów i miejsca do biegania.

Pies wyskoczył z samochodu podekscytowany i zaczął ciągnąć smycz, bo poczuł zapach królika. Szli przez las przez piętnaście minut, aż w końcu mężczyzna zatrzymał się i zawiązał smycz na drzewie. Henio chciał dalej biec, więc ciągnął smycz, ale nie mógł się ruszyć. Mężczyzna zostawił go samego i Henio zaczął szczekać. Szczekał i płakał przez kilka godzin, aż w końcu się **poddał**. Położył się na ziemi i obserwował naturę. Patrzył na owady, które latały w powietrzu i siadały na liściach. Patrzył na grzyby, które rosły pod krzakiem. Patrzył na pracowite **mrówki**, które maszerowały po ziemi. Patrzył i **wzdychał**, bo nie mógł się doczekać, aż mężczyzna albo ktokolwiek po niego przyjdzie. W końcu zasnął. Tym razem nie śnił o niczym smutnym ani irytującym. Śnił o pani Danucie, która pozwalała mu spać w nogach łóżka i którą budził codziennie buziakami. Śnił, że ona woła go: „Heniu! Heniu! Aport!" i rzuca mu piłkę w parku bardzo daleko, a on biegnie ile sił w nogach, aż w końcu łapie piłkę i szczęśliwy przynosi ją swojej pani.

Henio obudził się w nocy. W lesie było cicho i bardzo, bardzo ciemno. Nie widział niczego dookoła, ale od czasu do czasu słyszał kroki zwierząt, które czasem podchodziły do niego i go obserwowały. Chciał na nie szczekać, ale nie miał energii, więc leżał dalej i próbował spać. Następnego dnia nic się nie zmieniło. Nikt po niego nie wrócił. Od czasu do czasu ciągnął smycz i próbował się uwolnić, ale to nie pomagało, więc znowu leżał i leżał, czekał i czekał. Był głodny i chciało mu się pić. Kiedy zaczął padać deszcz, Henio próbował łapać go językiem, ale nie miał już siły wstać. Miał mokrą sierść i było mu bardzo zimno.

Kasia i Rudolf uwielbiali spacery, więc w każdą sobotę rano wsiadali w samochód i jeździli za miasto. W lesie Kasia **spuszczała** Rudolfa **ze smyczy**, żeby poczuł wolność, a on galopował między drzewami jak koń. Czasami znajdował fajne **patyki** i przynosił je Kasi, a ona rzucała mu je daleko. Po godzinie spaceru wracali zmęczeni do domu, a Rudolf spał całą drogę na **tylnym siedzeniu**.

Tym razem jednak było inaczej. Najpierw Rudolf biegał po lesie jak zwykle, ale w pewnym momencie zatrzymał się w jednym miejscu i zaczął szczekać. Kasia była daleko, ale słyszała, że Rudolf jest zdenerwowany, więc pobiegła do niego. Jej pies stał przy drzewie, obok którego leżał bardzo chudy pies. Rudolf patrzył na psa i Kasię, i smutno szczekał. Kasia kucnęła i dotknęła psa. Był ciepły i oddychał bardzo płytko. Kobieta wyjęła z plecaka sylikonową miskę, nalała do niej wody i postawiła przy psie, który nie zareagował, więc Kasia rozwiązała smycz i podniosła psa z ziemi. Tak szybko, jak tylko mogła zaniosła go do samochodu, nakryła go kocem i zaczęła jechać. Całą drogę do **lecznicy** Rudolf siedział obok drugiego psa i lizał go. Kasia prowadziła samochód i płakała.

W lecznicy weterynarz od razu zaopiekował się psem. Zbadał go i podłączył mu kroplówkę. Kasia i Rudolf czekali w poczekalni na informacje o zdrowiu psa. W końcu weterynarz wyszedł z gabinetu i powiedział:

– Będzie żył. Uratowała go pani. Jeszcze kilka godzin, a piesek umarłby z głodu! Miał wielkie szczęście, że go pani znalazła!

– To nie ja, to Rudolf – odpowiedziała Kasia i pokazała na swojego dobermana. Rudolf był z siebie bardzo dumny.

Kilka miesięcy później Rudolf i Henio leżeli na kanapie i oglądali telewizję. Przed chwilą zjedli kolację i byli najedzeni, ale usłyszeli, że Kasia otwiera lodówkę, więc obaj szybko pobiegli do kuchni. Mieli nadzieję, że dostaną jakieś **smakołyki**!

– Czego chcecie **łakomczuchy**? – zapytała ich Kasia. Przez chwilę szukała czegoś w lodówce, a w końcu dała psom po kawałku kiełbasy. Pogłaskała ich po grzbietach, **podrapała** po brzuchach i usiadła do kolacji.

„Kiełbaska, kolega i pani. To się nazywa życie!", pomyślał Henio.

---

1 **Podpisz obrazki słowami z listy.**
Label the pictures with words from the list.

łapa · buda · klatka · miska · karma · siku · szczeniak · smycz · smakołyki · ogon

2 Co robi pies, a co robi pan?
Put the phrases in the right categories.

nalewa wody do miski · liże po twarzy · ciągnie smycz · zakłada smycz · robi siku na
drzewo · je smakołyki · wskakuje na kanapę · karmi · zabiera do fryzjera · szczeka ·
głaszcze po głowie · wyje · drapie po brzuchu · gryzie piłkę · zabiera na spacer ·
warczy · spuszcza ze smyczy · macha ogonem

PIES	PAN

3 Jakie dźwięki wydaje pies? Wypisz z tekstu.
What sounds does a dog make? Find them in the story.

....

....

4 Dopisz rzeczowniki do czasowników tak, żeby utworzyły kolokacje.
Find the nouns in the text that collocate with the verbs given below.

1. Machać ....
2. Spuszczać ze ....
3. Głaskać po ....
4. Wskoczyć na ....
5. Rzucać ....
6. Wytrzeć ....
7. Nalać ....
8. Zakładać ....

5 Odszyfruj słowa (części ciała psa).
Unscramble the words (dog's body parts).

1. aapł ....
2. rzitgbe ....
3. nogo ....
4. ćreiss ....
5. zjykę ....

6 W puste pola wpisz przyimki.
Fill the gaps with prepositions.

1. spuszczać ...... smyczy
2. zeskoczyć .... kanapy
3. lizać ...... twarzy
4. trząść się ..... zimna
5. umierać ..... głodu
6. głaskać ...... grzbiecie
7. warczeć .... inne psy
8. nasypać karmy ...... miski
9. przytulić się ...... pani
10. leżeć .... nogach łóżka
11. śnić ...... wiewiórkach

7 Co powiesz w tej sytuacji?
What would you say in these situations?

1. Rzucasz patyk swojemu psu i chcesz,
   żeby go przyniósł.

   ....
   ....

2. Właśnie zjadłeś/aś pyszny obiad
   w restauracji na plaży i masz przed
   sobą 2 tygodnie wakacji.

   ....
   ....

3. Dziecko w parku podchodzi do twojego
   psa i pyta cię, czy może go pogłaskać.

   ....
   ....

4. Bardzo boisz się psów, a właśnie ktoś
   wszedł do tramwaju z psem bez kagańca.

   ....
   ....

SŁOWNICTWO

aportować – to fetch
biegać w kółko – to run in circles
buda – kennel / doghouse
chować się / schować – to hide
drapać / podrapać – to scratch
głaskać / pogłaskać – to pet
gryźć / ugryźć – to bite
grzbiet – back (about animals)
kaganiec – muzzle
karmić / nakarmić – to feed
kaszleć i kichać – to cought and sneeze
klatka – cage
lecznica – veterinary clinic
lizać / polizać – to lick
łakomczuch – greedy eater / foodie
łapa – paw
machać ogonem – to wag its tail
mrówka – ant
nalewać / nalać – to pour
ogrodzenie – fence
patyk – stick
poddawać się / poddać się – to give up
robić / zrobić siku – to pee
schronisko – (animal) shelter
sierść – fur
smakołyk – treat
smycz – leash
spuszczać ze smyczy – to unleash
strzyc / ostrzyc – to trim (hair)
szczekać / zaszczekać – to bark
tylne siedzenie – back seat
ufać / zaufać – to trust
warczeć / zawarczeć – to growl
wiewiórka – squirrel
wskakiwać / wskoczyć – to jump in / on
wyć / zawyć – to howl
wymiotować / zwymiotować – to vomit
wzdychać / westchnąć – to sigh
zeskakiwać / zeskoczyć – to jump down / off

9 *Pożar* [trudności w życiu, wypadki, gotowanie]

Nie wszyscy mają takie same szanse. Grażyna wiedziała o tym bardzo dobrze już kiedy była dzieckiem i chodziła do szkoły w za małych butach, a koleżanki z klasy nie chciały się z nią bawić. W jej domu nigdy nie było pieniędzy. Jej ojciec czasami pracował, ale zwykle spał. Jej mama zajmowała się domem. Cała rodzina żyła z emerytury babci, która od czasu **wojny** nic nie mówiła i prawie nigdy **się** nie **uśmiechała**. Umiała jednak robić coś, dzięki czemu inni ludzie mieli dobry humor – **piekła** najlepsze ciasta. Chociaż rodzina rzadko jadła mięso, w lodówce zawsze były jajka, masło od sąsiadki, która miała krowy i mleko. Zawsze w domu były też mąka i cukier, więc co niedzielę cały dom **pachniał** miłością i radością. Kiedy rodzina jadła ciepłe ciasto, babcia siedziała **w kącie** i patrzyła na wnuki, które kłóciły się o **okruszki**. Jej twarz się nie zmieniała, ale jej oczy były trochę weselsze. Z dzieciństwa Grażyna pamiętała właśnie to ciasto. Jedyne ciepłe wspomnienie, do którego chciała wracać.

Jeszcze w liceum Grażyna poznała Witka. Nie była pewna czy jest zakochana, ale rodzice Witka mieli duży dom na wsi. W końcu mogła mieć własną kuchnię i łazienkę. Planowała pomagać teściowej w domu i ogrodzie, gotować obiady dla męża i opiekować się dziećmi. Już kilka miesięcy po ślubie Grażyna zaszła w ciążę. Oboje z Witkiem byli bardzo szczęśliwi. **Nie mogli doczekać się dziecka.** Teściowie kupili im wszystko dla dziecka – **łóżeczko, wózek, ubranka, zabawki.** Grażyna nigdy w życiu nie widziała tylu kolorowych zabawek. Witek opiekował się nią, kupował jej witaminy i pilnował, żeby jadła zdrowo. Zuzia urodziła się w gorący dzień na początku czerwca. Rano Grażyna zbierała truskawki na ciasto, a wieczorem była już w szpitalu.

Kiedy po wielu godzinach **porodu, położna** w końcu pokazała Grażynie jej dziecko, kobieta płakała ze wzruszenia. W końcu mogła je **przytulić.** Jednak kiedy popatrzyła na twarz swojej córki, coś było nie tak. Jej czerwona twarz wyglądała inaczej niż twarze innych **noworodków.** Widziała już kiedyś dzieci, które tak wyglądały. Jej córka miała zespół Downa.

W tej samej sali leżało kilka innych matek. Wszystkie szczęśliwe rozmawiały o swoich dzieciach, imionach, planach na przyszłość.

– Moja bratowa też ma taką córkę. Nie jest łatwo, ale to nie koniec świata – powiedziała jedna z nich, gdy zobaczyła Zuzię, kiedy **pielęgniarka** przyniosła ją po raz pierwszy.

Grażynie zrobiło się słabo. Karmiła córkę i myślała o tym, co powie Witek, kiedy zobaczy ich dziecko. Czy będzie umiał zaakceptować nieidealne dziecko? Czy ona umiała je zaakceptować? Czy to jej wina, że Zuzia się taka urodziła? Może brała za mało witamin? Może za rzadko odwiedzała lekarza? Może siedziała za długo na słońcu? Może za często piła alkohol, kiedy była nastolatką? Przez cały dzień leżała w łóżku i zadawała sobie trudne pytania.

Witek przyszedł w odwiedziny wieczorem. Miał na sobie świeżą koszulę i pachniał tanimi perfumami. Grażyna pomyślała, że jest bardzo przystojny.

– Przepraszam, że jestem tak późno. Wczoraj robiliśmy z kolegami pępkowe[1] – wytłumaczył. – Gdzie jest nasza córeczka?

– Muszę ci coś powiedzieć, zanim ją zobaczysz – powiedziała Grażyna cicho.

– Wszystko z nią w porządku?! – Witek przestał się uśmiechać.

– Jest zdrowa, ale… – Grażyna zaczęła płakać. Bała się mu powiedzieć prawdę. – Zuzia ma zespół Downa.

Witek usiadł. Był blady. Przez chwilę nic nie mówił, tylko patrzył na swoje buty. Potem wstał, złapał Grażynę za rękę i powiedział:

– No trudno. Spróbujemy jeszcze raz.

– Co masz na myśli? – Grażyna popatrzyła na niego zdziwiona.

– Następne dziecko będzie na pewno normalne. Kiedy możesz wrócić do domu?

– Chcesz oddać Zuzię do adopcji?

– Nie wiem, dlaczego już dałaś dziecku imię. Nie powinnaś tego robić, bo będzie ci potem długo przykro.

– Nie zostawię jej. – Grażyna puściła rękę Witka.

– Nie zabieramy jej do domu. Nie będę **wychowywać** dziecka z Downem – powiedział stanowczo Witek. Grażyna zrobiła się czerwona.

– Wyjdź stąd! Natychmiast stąd wyjdź! – krzyknęła i pokazała ręką na drzwi.

Wiedziała, że Witek będzie **rozczarowany**, ale nie myślała, że będzie aż taki zimny. Płakała głośno całą noc, aż pielęgniarka dała jej lekarstwo i mogła w końcu zasnąć.

Zuzia i Grażyna zamieszkały w starym domu, w którym **wychowywała się** Grażyna. Jej babcia i ojciec już nie żyli, a mama spędzała całe dnie w fotelu przed telewizorem z paczką papierosów. Cały dom pachniał papierosami. Na meblach był kurz,

---

[1] Impreza, którą organizuje ojciec, kiedy urodzi mu się dziecko.

a firanki były szare jak niebo zimą. W łazience było zimno, a na suficie były mokre, brązowe plamy. Grażyna nie miała dla dziecka nic, ale Witek przywiózł rzeczy, które kupili jego rodzice. Zostawił je pod domem. Nawet nie wszedł do środka, żeby się przywitać i zobaczyć dziecko. Zuzia bardzo szybko zaczęła potrzebować fizjoterapii i wizyt u lekarzy specjalistów. Kilkaset złotych, które Witek wysyłał Grażynie, nie wystarczały na nic. W końcu Grażyna musiała szukać pracy. **Nie było łatwo, bo** nie skończyła szkoły i nie umiała robić nic specjalnego. Oprócz tego był kryzys i wielu ludzi szukało w tym czasie jakiejkolwiek pracy. Pewnego dnia koleżanka jej matki zaoferowała jej pracę na pół etatu. Grażyna miała rano sprzedawać precle na rynku w Krakowie. Zarabiała grosze, ale w końcu mogła zapłacić za wizyty Zuzi u lekarzy i kupić jej leki. Mogła też raz w tygodniu upiec ciasto, bo chciała na jeden krótki moment zapomnieć o problemach i poczuć **zapach** prawdziwego rodzinnego ciepła. Z tygodnia na tydzień ciasto wychodziło jej coraz lepsze. Najpierw użyła nieświeżych jajek i ciasto nie urosło. Kilka razy wyszło za suche, raz wyszedł **zakalec,** bo w trakcie pieczenia przez kilka minut nie było prądu w mieszkaniu. Parę razy ciasto **się przypaliło od spodu,** a potem raz **od góry.** Elektryczny piekarnik, który pamiętał jeszcze czasy Gierka[2], powoli umierał i nie mogła za bardzo na niego liczyć. Bardzo chciała kupić sobie nowy, więc **odkładała każdy grosz,** którego nie wydawała na potrzeby Zuzi. Po kilku miesiącach udało jej się! W końcu ciasto było **równo upieczone.** Teraz Grażyna miała nowy cel. Chciała kupić sobie **silikonowe formy do pieczenia.** Krok po kroku zdobywała pierwsze **wyposażenie** kuchni – **stolnicę, foremki do ciasteczek, ubijaczkę do jajek,** elektryczną **wagę** i inne rzeczy. Z nowym sprzętem pieczenie dawało jej coraz więcej radości. Do tej pory piekła tylko dla siebie, mamy i Zuzi, ale kiedyś koleżanka matki przyszła z wizytą na imieniny. Przyniosła sernik z cukierni, ale na stole już stał sernik Grażyny. Spróbowała obu i powiedziała:

– Grażynka! Ty masz talent po babci. Cudowne to ciasto ci wyszło! Dużo lepsze niż z cukierni. Może upieczesz mi takie na moje imieniny w przyszłym miesiącu?

Właśnie w ten sposób Grażyna zdobyła swoje pierwsze **zamówienie.** Nie zarobiła na nim **ani grosza,** ale jej ciasto **zrobiło furrorę** wśród gości znajomej. Wszyscy zjadali swoje porcje do ostatniego okruszka i rozmawiali o idealnym smaku, który przypominał im najlepsze momenty ich życia. Kolejne osoby zaczęły dzwonić do Grażyny i prosić ją o ciasta. Każdy opowiadał jej o **wypiekach,** które pamiętał z dzieciństwa, a ona zapisywała ich historie i inspirowała się nimi. Potem układała nowe **przepisy.** Czasem dodawała więcej cukru, czasem więcej masła. Czasem zamieniała kakao na **wiórki kokosowe lub mak.** Efekt zawsze był fantastyczny, co potwierdzała zadowolona Zuzia, która była prawdziwym **łasuchem.**

------

[2] Pierwszy sekretarz (lider) PZPR (Polska Zjednoczona Partia Robotnicza) w latach siedemdziesiątych.

Z nowymi zamówieniami przyszło więcej pieniędzy. Teraz Grażyna zaczęła marzyć, że może w ten sposób **nazbiera na** swoją własną małą cukiernię. Zdecydowała, że najpierw krok po kroku będzie kupować sprzęt i piec w domu, a potem, kiedy już nie będzie musiała sprzedawać precli, zacznie oszczędzać na lokal. I w ten sposób po kilku miesiącach w jej kuchni pojawił się **profesjonalny mikser i blender, formy i blachy** w różnych rozmiarach i kształtach, **silikonowe pędzle, łyżki i łopatki.** Obok podstawowych **składników** w szafkach teraz były też dekoracje do tortów i książki o wypiekach z różnych krajów. Grażyna miała swoją małą fabrykę ciast.

I wtedy stało się coś, czego nikt się nie spodziewał. Tego dnia Grażyna chciała powiedzieć swojej szefowej, że nie będzie już u niej pracować. Od rana miała dobry humor. Usłyszała w radiu piosenkę *Tyle słońca w całym mieście*[3] i chociaż padał śnieg, niebo było całe zachmurzone, a ona pracowała w czapce i rękawiczkach, uśmiechała się do siebie i śpiewała pod nosem. Klienci byli dla niej mili tego dnia, ktoś nawet zostawił jej kilka złotych i powiedział „Wesołych Świąt!", mimo że dopiero był listopad. Nagle zobaczyła swoją sąsiadkę. Kobieta biegła i krzyczała „Pożar! Musisz biec do domu!". Grażyna przestała się uśmiechać. Zostawiła budkę z preclami sąsiadce i pobiegła do domu tak szybko, jak tylko mogła. Te kilkanaście minut drogi były najgorszym momentem w jej życiu. Na miejscu była już **straż pożarna** i **ambulans.** Jej dom był cały czarny. **Strażacy** polewali go wodą, która **niszczyła** resztę rzeczy, których nie zniszczył jeszcze **ogień.** Jednak Grażyna ani przez moment nie myślała o rzeczach. Myślała tylko o życiu swojej rodziny. Po chwili znalazła Zuzię, która siedziała w samochodzie policyjnym i przytulała się do młodej policjantki. Kiedy **wybuchł pożar,** bawiła się z sąsiadką na podwórku i nic jej się nie stało. Gorzej było z jej matką. Zabrało ją **pogotowie.** Grażyna spędziła cały dzień w szpitalu i **modliła się o cud.** Niestety. Chociaż lekarze robili, co mogli, matka zmarła wieczorem. Jak mówili później policjanci, tamtego dnia prawdopodobnie zasnęła w fotelu, a papieros, którego paliła, podpalił **obrus,** a potem inne meble. Cały dom **spłonął,** więc Grażyna i Zuzia nie miały ani ubrań, ani jedzenia, ani dachu nad głową. Pierwsze noce mogły spędzić u sąsiadów, ale co dalej?

Przez wiele nocy po pożarze Grażyna nie mogła wcale spać. Była tak blisko normalnego życia. Tak długo musiała oszczędzać, tyle energii włożyła w cały swój plan. Teraz znowu została z niczym. Pogrzeb matki i wynajęcie jednopokojowego mieszkania w starej kamienicy kosztowało ją wszystkie **oszczędności,** za które planowała otworzyć cukiernię. Teraz to było bez znaczenia, bo przecież nie miała już żadnego sprzętu. Wszystkie łopatki, foremki, **wałki do ciasta** spłonęły z całym domem. Grażyna leżała na materacu na podłodze, przytulała córkę i patrzyła w sufit. Już rozumiała, dlaczego jej ojciec całe życie spędzał w łóżku.

----
[3] Piosenka Anny Jantar z lat siedemdziesiątych.

Minęły dwa miesiące. Grażyna wynajęła pokój w starej kamienicy i wróciła do sprzedawania precli. Pewnego wieczoru, kiedy czytała Zuzi książkę o bobrach, zadzwonił dziennikarz z lokalnej gazety.

– Czy może pani mi opowiedzieć o pożarze i **zbiórce** w serwisie zrzutka.pl[4]? Czy to pani założyła tę zbiórkę? – zapytał.

– Przepraszam, nie wiem, o czym pan mówi? – zdziwiła się Grażyna.

– Przeczytałem dzisiaj pani historię w internecie. Piekła pani pyszne ciasta, chciała pani założyć cukiernię, ale w pożarze spłonęło wszystko, co pani posiadała i teraz zbiera pani pieniądze na nowy dom i biznes, tak?

– Naprawdę, nie wiem, o czym pan mówi.

– Hm… wyślę pani link do tej strony. Może to jakiś oszust próbuje zarobić na pani tragedii!

Po chwili Grażyna otworzyła link w telefonie i przeczytała swoją historię. Jakaś anonimowa osoba dzień wcześniej otworzyła zbiórkę, wstawiła zdjęcia spalonego domu i pięknych ciast, które Grażyna piekła. Oprócz tego podała numer jej konta, na które ludzie mogli wpłacać pieniądze! Grażyna weszła szybko na swoje konto bankowe w telefonie i **nie mogła wyjść ze zdumienia**. Na jej koncie było prawie czterdzieści tysięcy złotych. Wystarczająco dużo, żeby wynająć lokal i kupić wszystkie sprzęty. Ktoś w komentarzach pisał, że chętnie pomoże Grażynie w założeniu firmy. Ktoś inny, że próbował jej ciasta na urodzinach koleżanki i może jej pomóc w promocji jej cukierni. Telefon zaczął dzwonić, bo wielu znajomych usłyszało o zbiórce i chciało jej pomóc. Po kilku godzinach szoku, Grażyna przestała odbierać. Siedziała na materacu i **płakała jak bóbr**. Nie mogła uwierzyć, że aż tylu ludzi interesuje się jej życiem. Cały czas myślała, że jest nikim, że jest niewidzialna, że to czy żyje, czy ma się dobrze, czy ma co jeść, czy ma dach nad głową nie obchodzi absolutnie nikogo. Teraz okazało się, że nie miała racji.

Piąte urodziny Zuzi miały miejsce w cukierni, która z roku na rok działała coraz lepiej. Nie było na nich jej ojca, dziadków ani nikogo z rodziny, ale byli prawdziwi bliscy. Grażyna zaprosiła koleżanki Zuzi z przedszkola oraz wszystkich, którzy pomagali jej w ciągu ostatnich kilku lat. Od niedawna w cukierni pracowało kilka nowych osób. W tym Kasia – młoda, **niepełnosprawna** dziewczyna, która niedawno skończyła szkołę cukierniczą. Dzięki Kasi Grażyna mogła dzisiaj świętować razem ze swoją córką, która wieczorem, kiedy zasypiała, powiedziała jej do ucha: „Twoje ciasteczka są wspaniałe! Są… są… – Zuzia nie mogła znaleźć dobrego słowa – są na czwórkę[5]!". Grażyna się zaśmiała, ale wiedziała, że to najlepszy komplement, bo dla Zuzi czwórka była teraz najwyższą liczbą.

---

[4] Popularny polski serwis internetowy, na którym ludzie zbierają pieniądze.
[5] 6 to najlepsza ocena w polskich szkołach. Najgorszą oceną jest 1.

1 Zaznacz – prawda czy nieprawda.
True or false?

	PRAWDA	NIEPRAWDA
1. Grażyna wychowała się w nieszczęśliwej rodzinie.		
2. Grażyna chciała wyjść za mąż za Witka, bo bardzo go kochała.		
3. Witek na początku chciał zaopiekować się Zuzią.		
4. Pasją Grażyny było pieczenie.		
5. Pożar na zawsze zniszczył marzenia Grażyny.		

2 Podpisz obrazki słowami z listy.
Label the pictures. Use the words from the list.

forma silikonowa · waga · pędzel · łopatka · wałek · blacha (do pieczenia) · stolnica · forma (do pieczenia)

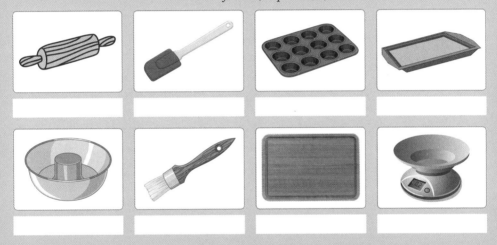

3 Zgadnij, jakie to słowa?
Guess the words. The first letter is given and each blank space represents one letter.

1. Z _ _ _ _ _ _ – ciasto, które nie urosło

2. P _ _ _ _ _ _ – lista składników i instrukcja, jak coś ugotować

3. Z _ _ _ _ _ _ – akcja zbierania pieniędzy na dobry cel

4. P _ _ _ _ – katastrofa, w której ogień coś niszczy

5. W _ _ _ _ _ _ – ciasta, bułki, chleby, babeczki i inne produkty z piekarni lub cukierni

6. O _ _ _ _ _ _ _ – małe elementy chleba lub ciasta, która spadają

7. Ł _ _ _ _ _ – osoba, która bardzo lubi jeść słodycze

4 **Po kogo zadzwonisz w tych sytuacjach? Użyj konstrukcji „zadzwonię po + Biernik".**

Who would you call in these situations? Use the structure "zadzwonię po + Accusative".

1. Widzisz pożar w lesie.
   Zadzwonię po ....

2. Ktoś ukradł ci samochód z parkingu.

   ....

3. Widzisz rannego rowerzystę na ulicy.

   ....

4. Twoje dziecko jest bardzo chore i leży z gorączką w łóżku.

   ....

5. W twoim domu zepsuła się toaleta.

   ....

5 **Dokończ zdania.**

Finish the sentences.

1. Zrobiło mi się słabo, kiedy ....

   ....

2. Byłem rozczarowany / byłam rozczarowana, kiedy ....

   ....

3. W końcu udało mi się ....

   ....

4. Nie mogłem / mogłam uwierzyć, że ....

   ....

5. Właśnie w ten sposób ....

   ....

6. Okazało się, że ....

   ....

7. Nie mogę się doczekać, aż..

   ....

SŁOWNICTWO

ambulans – ambulance

ani grosza – not a penny / not a cent

blacha (do pieczenia) – baking tray

foremki do ciasteczek – cookie cutters

formy do pieczenia – baking moulds

łasuch – someone with a sweet-tooth

łopatka – spatula

łóżeczko – crib

łyżka – tablespoon

mak – poppyseed

modlić się o cud – to pray for a miracle

(na)zbierać na coś – to save up for something

nie było łatwo, bo… – it wasn't easy, because…

nie móc doczekać się dziecka – can't wait for the birth of child

Idiom *nie móc wyjść ze zdumienia* – to be very surprised

niepełnosprawny – disabled

niszczyć / zniszczyć – to destroy

noworodek – newborn

obrus – tablecloth

od góry – from the top

od spodu – from the bottom

Idiom *odkładać każdy grosz* – to save every penny

ogień – fire

okruszki – crumbs

oszczędności – savings

pachnieć – to smell (intransitive)

piec / upiec – to bake

pielęgniarka – nurse

Idiom *płakać jak bóbr* – to cry one's eyes out

płonąć / spłonąć – to be on fire / to burn

pogotowie – emergency medical service / ambulance

położna – midwife

poród – labor (as in chilbirth)

profesjonalny mikser i blender – professional food processor

przepis – recipe

przypalać się / przypalić się – to get burnt (about a cake)

przytulać / przytulić – to hug

rozczarowany – disappointed

równo upieczone – evenly baked

składniki – ingredients

stolnica – breadboard

straż pożarna – fire brigade

strażak – firefighter

silikonowe formy do pieczenia – silicone baking moulds

silikonowy pędzel – silicone basting brush

ubijaczka do jajek – eggbeater

ubranka – baby clothes

uśmiechać się – to smile

w kącie – in a corner

waga – scales

wałek do ciasta – rolling pin

wiórki kokosowe – coconut shreds

wojna – war

wózek – pram

wybuchł pożar – a fire broke out

wychowywać / wychować – to bring up / to raise (a child)

wychowywać się / wychować się – to be brought up / to be raised

wypieki – baked goods

wyposażenie – equipment

zabawki – toys

zakalec – uncooked part of a cake

zamówienie – order

zapach – scent

zbiórka – collection

Idiom *zrobić furrorę / być bardzo popularnym* – to make a splash

10 *Pomarańczowy rower* [praca, zainteresowania: rower]

Karolina miała prawie 20 lat i nigdy wcześniej nie musiała pracować. Kiedy po dwóch latach studiów medycznych zrezygnowała i nie wiedziała, co zrobić ze swoim życiem, jej rodzice zdecydowali, że musi zacząć zarabiać. Była pewna, że na pewno szybko znajdzie interesującą pracę w Warszawie. W końcu to stolica. Jest w niej wiele **międzynarodowych firm**, korporacji, **agencji reklamowych**, start-upów i tak dalej. Niestety, jedyne firmy, które odpowiadały na jej maile z CV to McDonald's, **pierogarnie** i **pijalnie** piwa i wódki. Po trzech miesiącach pieniądze od rodziców się skończyły. Karolina podjęła wtedy decyzję. Zadzwoniła do babci i powiedziała:

– Wiem, że **oszczędzasz na czarną godzinę**. To jest właśnie czarna godzina. Jadę do Holandii.

– Jesteś w ciąży?

– Nie, nie jestem w ciąży. Jestem **odpowiedzialna** – powiedziała Karolina, a babcia zaczęła się śmiać.

– Dam ci te pieniądze, chociaż wiem, że będziesz w tej Holandii tylko palić marihuanę i <u>umawiać się</u> z chłopakami. Gdybym była w twoim wieku, też bym tak robiła.

– Kiedy mogę przyjść?

– Jestem cały czas w domu. Nigdzie nie wychodzę. Tylko kup mi po drodze papierosy, dobrze?

Tego samego wieczora pożyczyła dwa tysiące złotych od babci i kupiła bilet do Amsterdamu. Miała tam koleżankę, która pracowała w klubie i miała wolną kanapę w salonie.

Karolina zakochała się w Amsterdamie od pierwszego <u>wejrzenia</u>, **chociaż** już pierwszego dnia deszcz padał tak intensywnie, że po piętnastominutowym spacerze z dworca do mieszkania koleżanki, większość rzeczy w jej plecaku była mokra. Przez weekend chodziła po starym mieście w plastikowym płaszczu przeciwdeszczowym, próbowała wszystkich rodzajów sera w sklepach dla turystów, robiła sobie selfie nad kanałem i obserwowała Holendrów, którzy **mimo** deszczu i niskiej temperatury jeździli po mieście na rowerach. Niektórzy z nich mieli szybkie, sportowe rowery, inni typowe miejskie wygodne damki, jeszcze inny ciągnęli za sobą przyczepkę z dziećmi lub psami. Wszędzie były ścieżki rowerowe, a kierowcy i piesi musieli ustępować pierwszeństwa rowerom. Z tym się w Polsce nigdy wcześniej nie spotkała. Jeździła czasem rowerem w weekend, ale zwykle jeździła do szkoły albo tramwajem, albo samochodem rodziców. Kiedy patrzyła na wysportowanych Holendrów, bardzo chciała należeć do grupy rowerzystów w deszczu. Na razie jednak musiała znaleźć pracę.

Znalezienie pracy wcale nie było łatwiejsze niż w Polsce, bo Karolina nie znała ani jednego słowa po niderlandzku, ale pensja za pracę na zmywaku była dużo większa. Po dwóch tygodniach szukania dostała pracę w restauracji, ale planowała szukać czegoś lepszego w międzyczasie. Indonezyjska restauracja, w której Karolina miała pracować, była dość daleko. Na szczęście jej koleżanka miała w piwnicy stary rower, który mogła pożyczyć. Rowerem cała trasa nie zajmowała więcej niż 20 minut.

Przez pierwsze tygodnie Karolina wracała w nocy zmęczona tak, że prawie nie miała energii jechać rowerem. Poza tym pożyczony rower wydawał dziwne dźwięki, trudno było w nim zmieniać biegi, a hamulec już chyba nie pamiętał, jaką miał funkcję. Pewnej nocy po drodze do domu na ścieżce rowerowej leżała rozbita butelka. Śpiąca Karolina wjechała w szkło i opona w rowerze od razu się przebiła. „Holender jasny!", pomyślała, zeszła z roweru i przez następne pół godziny prowadziła rower do domu. Na szczęście następnego dnia miała dzień wolny i mogła zabrać swój rower do warsztatu. Kobieta, która tam pracowała, zabrała rower na tyły sklepu i kazała Karolinie zaczekać. W tym czasie ona rozglądała się po sklepie i oglądała rowery, które stały i czekały na nowego właściciela. Niektóre były nowe, a inne używane. Jedne miały koszyki i śmieszne dzwonki, inne były minimalistyczne i oprócz świateł i dzwonka nie miały właściwie nic. Karolinie najbardziej podobały się takie z cienkimi oponami, prostą ramą i prostą kierownicą. Wydawało jej się, że na takim rowerze byłaby szybka jak błyskawica. Oczywiście, jak to zwykle bywa, rower, który podobał się jej najbardziej, był też jednym z najdroższych w sklepie. Kosztował tysiąc pięćset euro, więc jeszcze przez długi czas nie będzie ją na niego stać. Po piętnastu minutach pracownica sklepu wróciła ze starym rowerem, który miał piękne, nowe, pomarańczowe opony. Karolina nie wiedziała, dlaczego są pomarańczowe, ale na rachunku okazało się, że pomarańczowe były dwa razy droższe od czarnych. „Ech – pomyślała. – Muszę się w końcu nauczyć trochę niderlandzkiego".

Od tej pory cały czas myślała o pięknym rowerze ze sklepu. Wyobrażała sobie, jak przejeżdża nim szybko na żółtym świetle i zostawia z tyłu innych, wolniejszych rowerzystów. Myślała o tym, jak parkuje przed pracą i przypina go grubym łańcuchem do stojaka, żeby nikt go nie ukradł. Marzyła też o długich rowerowych wycieczkach poza miasto na wiosnę. Zdecydowała, że uzbiera pieniądze na ten rower, choćby miała jeść tylko ziemniaki i pić wodę przez rok!

Nie było łatwo, ale Karolina była bardzo uparta. Zrezygnowała z chodzenia do klubu w weekend i kilka razy musiała odłożyć sweter czy sukienkę w sklepie, bo przypomniała sobie, że zbiera na rower. Jeden raz o tym zapomniała i rzuciła dwa euro chłopakowi, który grał na gitarze na ulicy, a potem miała ochotę wrócić i zabrać monetę. Dwa euro plus dwa euro to cztery, a z każdym euro była blisko swojego pięknego roweru.

W końcu po pół roku się udało! Pożegnała się ze starym rowerem, który też był już chyba szczęśliwy, że mógł przejść na rowerową emeryturę, i kupiła rower swoich marzeń. Jazda na nowym rowerze była jak smarowanie chleba miękkim masłem. I do tego był taki piękny! Miał niebieską ramę i, oczywiście, pomarańczowe opony. Pierwszy weekend Karolina spędziła na długich przejażdżkach. Wracała do domu wieczorem zmęczona, bolały ją nogi, ale była bardzo szczęśliwa.

W pewien poniedziałek był dzień wolny. Karolina umówiła się ze znajomą, która przyjechała z Polski do Amsterdamu na urlop. Pojechała do centrum, zaparkowała przy kanale naprzeciwko kawiarni i weszła do środka. Po godzinie miłej rozmowy wyszła z budynku, a jej roweru nie było. Nie mogła uwierzyć własnym oczom. Chodziła po ulicy i szukała roweru. Myślała, że może nie pamiętała, gdzie zaparkowała. Miała nadzieję, że przypięła rower w niedozwolonym miejscu i policja zabrała go na parking policyjny, ale nic z tego. Nigdzie nie było znaku zakazu parkowania. To, co jednak zdenerwowało ją najbardziej to to, że nie miała jeszcze czasu zarejestrować swojego roweru, więc policja nigdy, ale to nigdy nie zacznie go szukać! Była tak zdenerwowana, że po drodze do domu poszła do polskiego sklepu i kupiła sobie pół kilo sernika. Jadła go i płakała cały wieczór.

Od tamtego dnia minęło kilka miesięcy. Karolina była w końcu zmęczona pracą na zmywaku i mieszkaniem z ludźmi, z którymi nie umiała się zaprzyjaźnić. Nie mogła znaleźć lepszej pracy, język niderlandzki nie wchodził jej do głowy i bardzo tęskniła za rodziną, a szczególnie babcią, więc podjęła decyzję. Wróci do Polski i będzie aplikować do szkoły tatuażu. Zawsze dobrze rysowała, a w Amsterdamie poznała kilku ciekawych tatuażystów. Jej rodzice nie byli bardzo zadowoleni z tej decyzji, ale bycie profesjonalną tatuażystką było lepsze niż praca w restauracji setki kilometrów od domu. Pozwolili jej mieszkać razem z nimi przez dwa lata szkoły i obiecali, że pomogą jej finansowo. Karolina w szkole czuła się jak ryba w wodzie! Większość studentów miała interesujący styl życia i talent! W końcu poznała ludzi, z którymi mogła rozmawiać całą noc, pić piwo i tańczyć w klubie, a następnego dnia ciągle ich lubić.

Na wiosnę ludzie w Warszawie znowu wyciągnęli z piwnic swoje rowery. Myli je, **pompowali opony, naprawiali hamulce i zamawiali kaski** na Allegro[1]. Na ulicach znowu było trochę mniej samochodów i trochę więcej rowerzystów. Karolina obserwowała tę zmianę z okna tramwaju i **przypomniało jej się**, jak bardzo lubiła jeździć rowerem. Pobrała aplikację z ogłoszeniami i czytała ogłoszenia. Większość rowerów tam była niezbyt interesująca, ale jeden wyglądał **wyjątkowo** dobrze. Sprzedawca napisał: „Ten rower to prawdziwy hit w Holandii". No pewnie, że hit. Niebieska rama, pomarańczowe opony... To był ten sam rower, który ktoś ukradł Karolinie w Amsterdamie! Ten sam tylko już używany. Tak jakby ktoś jeździł na nim przez rok, a potem chciał go sprzedać.

Karolina pokazała ogłoszenie swojemu chłopakowi.

– Nie mam dowodu na to, że to mój rower. To znaczy... mam gdzieś zdjęcie z tym rowerem, ale bez rejestracji policja nic nie zrobi.

– Masz rację. Policja generalnie **ma w nosie** właścicieli rowerów. Może zapytaj tego **faceta**, czy rower ma **papiery**. Może on kupił ten rower gdzieś legalnie i razem znajdziecie złodzieja?

– Niezły pomysł. Na pewno tego tak nie zostawię!

– Brawo, moja waleczna Karolino!

Karolina zapytała sprzedawcę o dokumenty. Odpowiedział, że kupił rower bez dokumentów, kiedy pracował w Holandii. Umówili się w centrum, żeby zobaczyć rower. Kiedy dziewczyna doszła na miejsce, mężczyzna już czekał. Siedział na **ławce,** palił papierosa. Nie wyglądał jak człowiek, który kupuje rower za kilka tysięcy. Karolina od razu rozpoznała swój żółty dzwonek w kształcie kaczki, który zamówiła przez internet, kiedy kupiła rower.

– Fajny nie? – zapytał mężczyzna.

– Fajny. Jesteś pewien, że nie masz dokumentów? – zapytała Karolina.

– Możesz kupić w sklepie za 8 tysięcy z dokumentami albo u mnie za dwa tysiące bez dokumentów. Łatwy wybór nie? – odpowiedział mężczyzna bardzo pewny siebie.

Teraz Karolina **była pewna**, że to był jej rower, a mężczyzna na ławce był po prostu złodziejem.

– Masz rację! – powiedziała Karolina, która właśnie **wpadła na** genialny pomysł. – Biorę, ale czy mogę się przejechać tutaj po parku i zobaczyć, czy wszystko działa?

Mężczyzna na początku nie był pewny, ale w końcu się zgodził. Karolina wsiadła na rower i zaczęła pedałować tak szybko, jak tylko mogła. Słyszała jeszcze jak mężczyzna krzyczy: „Hej! Wracaj tutaj!", ale go zignorowała. Wjechała na ulicę

---

[1] Polski portal e-commerce.

i pojechała w kierunku mieszkania swojego chłopaka. Jechała szybko przez prawie 30 minut, a kiedy dojechała na miejsce, szybko zadzwoniła do chłopaka.

– Otwórz szybko drzwi. Właśnie ukradłam swój rower!

Drzwi zabrzęczały „bzzzz". Karolina wprowadziła rower na **klatkę schodową**, a potem do piwnicy. Jej chłopak cały czas się z niej śmiał, ale był też dumny.

Przez kilka następnych dni Karolina nie chciała jeździć swoim nowym-starym rowerem. Bała się, że za chwilę spotka złodzieja, który znowu jej go zabierze. W końcu zdecydowała się go zakamuflować. Zdjęła dzwonek i **błotniki**, chłopak pomógł jej zmienić opony na czarne, a ramę i wszystkie metalowe elementy pomalowali na pomarańczowo. Teraz była bezpieczna. Znowu mogła jeździć po mieście jak błyskawica i czuć się wolna jak Holendrzy.

1 **Odpowiedz na pytania.**
Answer the questions.

1. Dlaczego Karolina wyjechała z Polski?
   ....

2. Gdzie pracowała w Amsterdamie?
   ....

3. W jaki sposób Karolina straciła swój rower?
   ....

4. Do jakiej szkoły Karolina zapisała się w Warszawie?
   ....

5. Dlaczego Karolina była pewna, że rower, który sprzedawał mężczyzna z ogłoszenia był jej?
   ....

2 **Podpisz elementy roweru.**
Label the parts of a bicycle.

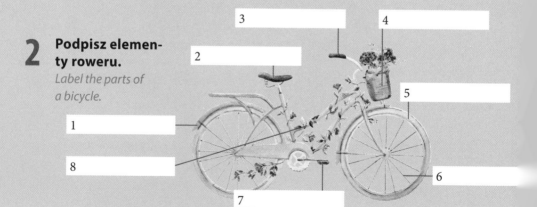

3   Przekształć zdania jak w przykładzie.
Complete the sentences as shown in the example.

Przykład: Ludzie jeżdżą na rowerach.

Rowery służą do *..jeżdżenia.. .*

1. Ludzie dzwonią dzwonkiem.

    Dzwonek służy do ....

2. Ludzie przypinają rowery łańcuchem.

    Łańcuch służy do ....

3. Ludzie wożą w koszyku zakupy.

    Koszyk służy do ....

4. Ludzie hamują hamulcem.

    Hamulec służy do ....

5. Ludzie oświetlają drogę światłami.

    Światła służą do ....

6. Ludzie parkują rowery na stojaku.

    Stojak na rowery służy do ....

7. Ludzie chronią głowy kaskiem.

    Kask służy do ....

4   Dokończ zdania.
Finish the sentences.

1. Jak to zwykle bywa ....

    ....

2. Nie mogłem / mogłam uwierzyć własnym oczom, kiedy ....

    ....

3. Przypomniało mi się, że ....

    ....

4. Czuję się jak ryba w wodzie, kiedy ....

    ....

5. Mam w nosie ....

    ....

6. Wpadłam / wpadłem na pomysł, żeby ....

    ....

SŁOWNICTWO

agencja reklamowa – advertising agency

błotnik – fender

być pewnym – to be certain

chociaż – although

choćby – even if / if only

cienkie opony – thin tyres

Idiom *czuć się jak ryba w wodzie*
– to feel like a fish in water / to be in one's element

damka – damsel

dzwonek – (bicycle) bell

facet – guy

firma międzynarodowa
– international company

hamulec – brake

jak to zwykle bywa – as it usually is / as is usually the case

kask – helmet

kierowca – driver / motorist

klatka schodowa – staircase

koszyk – basket

ławka – bench

Idiom *mieć coś w nosie* – not to give a damn

mimo – despite

naprawiać – to fix / repair

nie móc uwierzyć własnym oczom
– to not be able to believe one's eyes

niedozwolone miejsce – prohibited area

odłożyć coś w sklepie
– to put something back in a shop

odpowiedzialny – responsible

od razu – at once

opona – tyre

Idiom *oszczędzać na czarną godzinę*
– to save up for a rainy day

papiery – papers (documents)

pierogarnia – bar serving dumplings

pieszy – pedestrian

pijalnia – bar dedicated to a particular drink / drinking room

podjąć decyzję – to make a decision

pompować opony – to inflate tyres

pracować na zmywaku
– to work as a dishwasher

prosta kierownica – straight / simple handlebar (flat handlebars)

prosta rama – straight / simple frame (diamond frame)

prowadzić rower – to walk a bike

przebić oponę – to puncture a tyre / to get a flat tyre

przejażdżka – ride

przyczepka – trailer

przypiąć rower łańcuchem
– to secure a bike with a chain

przypomniało mi się – I remembered

rowerzysta – cyclist

rozbita butelka – broken bottle

stojak na rowery – bike rack

Idiom *szybki jak błyskawica* – as quick as lightning

ścieżki rowerowe – bike paths

światła – lights

trasa – route

ustępować pierwszeństwa – to give way (to someone)

używany – second-hand

w międzyczasie – in the meantime

warsztat – workshop

więc – so / ergo

wjechać w szkło – to ride over glass

właściciel – owner

wpaść na pomysł – to hit on an idea

wydawać dźwięki – to make sounds

wyjątkowo – exceptionally

zakaz parkowania – no parking

zamawiać – to order

zmieniać biegi – to change gears

znak drogowy – road sign

11 Powrót do przeszłości [podróże: latanie]

W środku nocy na lotnisku było prawie pusto. Tylko grupa turystów w kolorowych koszulach i szortach, która wróciła chyba z wakacji w ciepłych krajach, głośno rozmawiała i śmiała się. Mateusz minął ich i szedł w kierunku **odprawy bagażowej**. Miał ze sobą dwie **walizki** i mimo minus dwudziestu stopni na zewnątrz, w jego walizkach nie było żadnych ciepłych ubrań.

Tydzień wcześniej znajomi z pracy zorganizowali dla niego wielką **imprezę pożegnalną**, na której po raz ostatni był w biurze, w którym spędził minione siedem lat. Kiedy zaczynał pracę jako młodszy konsultant do spraw IT, miał w sobie tyle energii co Nutella cukru. Dostał wtedy dość wysoką pensję, razem z żoną wzięli kredyt na mieszkanie w ładnej dzielnicy w Warszawie. Wkrótce kupił sobie nowy samochód i latał w **podróże służbowe** na wszystkie kontynenty. Chętnie nawiązywał nowe kontakty, spotykał się z ambitnymi ludźmi, dla których wieczór z Netflixem był **stratą czasu**. **Zamiast tego** w weekendy chodzili na spotkania Toastmasters, przemawiali na TedTalks albo pisali **poradniki** o stylu życia, biznesie, **wychowywaniu dzieci**, **urządzaniu mieszkania** i zdrowym jedzeniu. On sam zaczął pisać taki poradnik, ale po kilku godzinach nad pustym dokumentem **zdał sobie sprawę**, że nie za bardzo wiedział, czego mógłby uczyć innych ludzi. W pracy spędzał od sześćdziesięciu do osiemdziesięciu godzin w tygodniu, ale nie **narzekał**. Był dobrze zorganizowany. Znajdował nawet czas na wizyty na siłowni, bieganie, degustacje wina, a czasem też wyjazdy na narty. Wszystko w jego życiu **szło jak po maśle**. A może raczej leciało jak rakieta, bo pewnego dnia wstał z łóżka i zobaczył w lustrze człowieka, którego nie znał.

Na jego czole były mocne, poziome zmarszczki. Pod oczami miał szaro-fioletowe cienie. Przez rzadkie włosy widział skórę głowy. Przestraszył się. Przez sekundę pomyślał, że to sen i zaraz się obudzi, wstanie, pójdzie biegać, weźmie prysznic i znowu zobaczy zdrowego, młodego człowieka.

Tak się nie stało. Przez cały dzień był tym samym bogatym człowiekiem sukcesu po czterdziestce, którego wieczór wcześniej zostawiła żona. Nie było wielkiej **kłótni**, emocji i płaczu. Po prostu Katarzyna przygotowała obiad, zjedli razem jak zwykle w ciszy. Po obiedzie powiedziała: „Nie chcę tego kontynuować. Mam kogoś innego. Oboje wiemy, że tym, co nas najbardziej łączyło, był **kredyt na dom. Już go spłaciliśmy**". Mateusz nie był zdziwiony. Nie pamiętał, kiedy ostatni raz czuł się kochany lub podekscytowany przy Katarzynie. Mieszkali razem, jeździli razem na wakacje i mieli wspólnych znajomych. Oboje spotykali się z innymi ludźmi w sekrecie. Skoro Katarzyna poznała kogoś, do kogo coś czuła, **nie miał nic przeciwko**. Pomógł jej spakować rzeczy, a nawet nosić walizki do samochodu jej nowego partnera. Dopiero w weekend poczuł, że coś się zmieniło. Zrobiło się cicho i pusto. Kiedy Katarzyna mieszkała z nim, jej bałagan, jej rozmowy przez telefon, jej zapach dawały mu **poczucie bezpieczeństwa**. Teraz zrozumiał, jak bardzo bał się **samotności**, więc włączył telewizor i wszystko wróciło do normy.

Pierwszy raz od wielu lat spędził cały weekend w mieszkaniu. Zamówił jedzenie, oglądał filmy dokumentalne o IT i zdjęcia znajomych na Instagramie. Zawsze bawiło go, że jego koledzy dodawali zdjęcia swoich żon i pisali, jakie są wspaniałe, a tak naprawdę nigdy z nimi nie rozmawiali. Teraz zauważył, że jego profil również pokazuje idealne życie. Zachody słońca w Ameryce Południowej, safari w Afryce, rejs po Nilu w Egipcie. Czasem selfie z Katarzyną. Oboje uśmiechnięci i **opaleni**. W opisie „Z najlepszą kobietą na świecie". Usunął zdjęcie i **przeglądał** dalej. W pewnym momencie algorytm pokazał mu wideo kobiety, która opowiadała o mieszkańcach Bali w Indonezji. Mateusz zatrzymał wideo. **Przybliżył** je, żeby lepiej przyjrzeć się tej kobiecie. Była ładna, **pulchna** i miała dość dużą **bliznę** na policzku. Był pewny, że to była ta sama kobieta, dla której piętnaście lat temu był gotowy zostawić wszystko.

Kiedy był na czwartym roku studiów, razem z dwoma kolegami znaleźli tanie bilety na Bali. Nigdy wcześniej nie byli w Azji i wszyscy byli bardzo podekscytowani. Postanowili nie planować zbyt wiele i decydować o wszystkim na miejscu. Mieli pecha, bo polecieli tam w samym środku sezonu deszczowego. Chociaż nie mogli leżeć na plaży, pić wody z kokosa i cieszyć się słońcem, próbowali potraktować to jako okazję do poznania lokalnych mieszkańców. **Wypożyczyli** sobie skutery i jeździli nimi po wyspie w plastikowych **przeciwdeszczowych pelerynach**, w których wyglądali jak czarodzieje z taniej wersji filmu o Harrym Potterze. Jeździli do różnych wsi i próbowali rozmawiać z rolnikami. Większość z nich nie mówiła dobrze po angielsku, ale zapraszali ich na obiad, pokazywali swoje pola ryżowe albo pomagali znaleźć drogę. Chłopcy **w zamian za to** zostawiali im **pamiątki**, które przywieźli z Polski – wafelki *Prince Polo* albo **breloczki** w kształcie syrenki lub smoka wawelskiego[1]. Po jednym z takich

---
[1] Syrenka i Smok Wawelski to bohaterowie polskich legend. Legenda o syrence dzieje się w Warszawie, a o smoku w Krakowie.

obiadów Mateusz bardzo się rozchorował. Obudził się w środku nocy z gorączką i biegunką. Całe rano spędził w toalecie, więc tego dnia na pewno nie mógł wybrać się na kolejną wycieczkę na wieś z kolegami. Został w pokoju sam, trochę leżał, trochę czytał książkę, a kiedy koło południa poczuł się lepiej, był bardzo głodny. Poszedł do recepcji, żeby zapytać o smaczne i higieniczne miejsce na obiad, gdzie nikt nie będzie próbował sprzedać mu narkotyków, a jedzenie nie będzie kosztować tyle, co w Zurichu.

W recepcji przed komputerem siedziała młoda dziewczyna. Przedstawiła się jako Mai. Uśmiechnął się do niej grzecznie i zapytał, a ona dała mu kilka ulotek i dobrym angielskim powiedziała:

– Tutaj i tutaj lubią jeść turyści. To polecają.

– OK, a ty, którą restaurację lubisz? – zapytał Mateusz i za chwilę zrobiło mu się głupio, bo zrozumiał, że dziewczyna pewnie nigdy nie jadła w restauracji.

– Ja zwykle mam jedzenie z domu.

– A dzisiaj co masz?

– *Nasi goreng*. To taki smażony ryż. Sama robiłam.

– Pewnie lepszy niż z restauracji – zażartował Mateusz.

– Chcesz spróbować?

– Jasne, ale twoja porcja jest bardzo mała. Może wezmę coś **na wynos** w którejś restauracji i przyniosę tutaj, to zjemy razem?

Dziewczyna uśmiechnęła się tak, że żołądek Mateusza stał się mały i twardy jak piłka do tenisa. Czuł się, jakby właśnie umówił się na **randkę**. Po pół godziny wrócił z jedzeniem. Pachniało fantastycznie, ale faktycznie, ryż, który zrobiła Mai w domu, był dużo smaczniejszy.

– Mam nadzieję, że zostaniesz moją żoną – zażartował i za chwilę zrobił się cały czerwony. Nawet jego uszy miały temperaturę wulkanu i prawdopodobnie **świeciłyby** w nocy jak **żarówki**.

Od tego dnia do końca wakacji na Bali Mateuszowi zostało tylko cztery dni. Planowali je spędzić w centrum wyspy, w Ubung, ale Mateusz **za plecami** kolegów **przedłużył** swój **pobyt** w hostelu. Kiedy powiedział im o tym, byli bardzo niezadowoleni. Umawiali się przecież na męskie wakacje. Dużo alkoholu, dobrego jedzenia, spontaniczne decyzje, kobiety. Śmiali się z jego naiwności. Mówili, że każda kobieta na wyspie ma nadzieję, że biały turysta zakocha się w niej i zabierze ją do cywilizacji. Mateusz się zdenerwował i nie chciał słuchać niczego, co **obrażało** Mai. W końcu koledzy zignorowali go i pojechali sami, a on został i spędził z Mai cztery wspaniałe dni.

Mai pochodziła z niezbyt bogatej rodziny. Jej mama była masażystką, a tata pracował fizycznie. Miała pięcioro starszego rodzeństwa, które już pracowało. Tylko ona z nich wszystkich skończyła szkołę, nauczyła się mówić po angielsku i dlatego pracowała w hostelu. Mateusz chciał, żeby pokazała mu, gdzie mieszka, ale **nie zgodziła się**. Zamiast o rodzinie wolała rozmawiać z nim o ulubionych filmach. Mateusz był zaskoczony, że Mai znała bardzo wiele europejskich filmów. Miała na komputerze nawet jeden film Krzysztofa Kieślowskiego[2], który polecił jej inny gość. Bardzo lubiła pracę na recepcji, bo goście chętnie opowiadali jej o swoich krajach i miała nadzieję, że kiedyś będzie mogła odwiedzić te wszystkie wspaniałe miejsca. Mateusz opowiadał jej o swoich studiach w Polsce, o tym, że bardzo lubił programować, ale najbardziej cieszył się, że po studiach będzie mógł zostać freelancerem, **cyfrowym nomadem** i pracować z każdego miejsca na świecie. W ciągu tych czterech dni zaplanował już, że zaraz po studiach przyjedzie na Bali, a potem razem z Mai wyjadą razem w **podróż dookoła świata**.

W dniu, kiedy Mateusz miał lot do domu, Mai poprosiła szefa o wolny dzień i pojechała razem z nim na lotnisko. Tam przed odprawą długo się przytulali i obiecywali sobie, że niedługo znowu się zobaczą, a do tej pory będą cały czas do siebie pisać.

Minęło kilka długich tygodni z wieczorami i weekendami na Skypie. Mateusz zrezygnował z kilku imprez, żeby siedzieć w swoim pokoju i rozmawiać z dziewczyną. Niektórzy śmiali się z niego, inny trzymali kciuki za jego dziwny **związek na odległość**. On sam **miał** czasami **mieszane uczucia**. Szczególnie, kiedy widział swoich znajomych z partnerami, którzy całowali się lub przytulali. Chodzili na randki, imprezy, spacery. A on cały czas był online i nawet nie wiedział, kiedy będzie mógł znowu zobaczyć Mai na żywo. Ich relacja z dnia na dzień stawała się dla niego coraz bardziej **męcząca**. Zaczął wyłączać internet w telefonie, wychodzić z kolegami i mówić Mai, że **bateria mu padła**. Ona próbowała ratować tę znajomość. Pisała do niego codziennie, nawet kiedy on nie odpisywał. Pewnego dnia napisała mu długą wiadomość o tym, że jej tata miał wypadek, lekarze nie wiedzą, czy będzie mógł kiedykolwiek wrócić do pracy. Prawdopodobnie będzie potrzebował bardzo drogiej rehabilitacji, na którą jej rodzinę **nie było stać**. Mateusz był w szoku. Bardzo chciał jej jakoś pomóc. Jedyne co mu przychodziło do głowy, to wysłać jej pieniądze na leczenie ojca. Jemu samemu nigdy nie brakowało pieniędzy. Co miesiąc dostawał na konto dość duży przelew od rodziców, którzy pracowali na wysokich stanowiskach w korporacjach. Nie wiedział, jak wysłać pieniądze do Indonezji, więc zapytał swoich **współlokatorów**. Byli w szoku.

– Chyba **zwariowałeś**! To typowa oszustka! Na pewno pisała ci na Skypie, że cię kocha, a teraz prosi cię o pieniądze – mówił jeden z nich.

– Siostra mojego dziadka miała taką sytuację. Trzy miesiące pisała z mężczyzną, który potem napisał jej, że ma problem finansowy, więc wysłała mu całe swoje oszczędności. Całe swoje pieniądze! Teraz jest bez grosza, bo po ostatnim przelewie

---

[2] Krzysztof Kieślowski to znany polski reżyser. Wyreżyserował takie filmy, jak *Amator*, *Przypadek* czy *Podwójne życie Weroniki*.

już nigdy o tym mężczyźnie nie usłyszała. Jestem pewien, że chory ojciec to **kłamstwo**. Nie wierz jej!

Mateusz siedział przy stole w kuchni i myślał. W jego głowie jak w filmie trwała projekcja wszystkich rozmów z Mai na żywo i online. Nic wcześniej nie sugerowało, że chciała go oszukać. Ale faktycznie, chłopaki mieli rację. Ta sytuacja nie wyglądała dobrze. Otworzył sobie piwo, żeby się zrelaksować. Po trzeciej butelce i długich rozmowach z chłopakami zablokował Mai. Następnego dnia trochę tego **żałował**, ale miał bardzo dużo pracy na studiach, wkrótce zaczynały się egzaminy i zajął swoje myśli ważniejszymi sprawami.

Nie mieli kontaktu przez piętnaście lat. Aż do dzisiaj. Dokładnie dzień po tym, jak zostawiła go żona, zobaczył swoją dawną miłość w internecie. Mai pokazywała **widzom** najpiękniejsze miejsce na Bali i zapraszała turystów do odwiedzenia jej **wyspy**. Mateusz bardzo chciał do niej napisać. Próbował kilka razy, ale nie wiedział, czy powinien zacząć od „Przepraszam", czy powinien po prostu napisać: „Hej! **Kopę lat**! Jak leci?". W końcu nic nie napisał, ale spędził prawie całą noc na jej kanale na YouTubie. Wyglądała wspaniale, zdrowo, szczęśliwie. W jednym filmie opowiadała o tym, jak choroba jej ojca zmusiła ją do szukania drugiej pracy. W ten sposób została przewodnikiem po Bali i poznała innych vlogerów-podróżników, którzy pomogli jej nagrać jej pierwsze filmy. Kiedy jej ojciec umarł kilka miesięcy później, czuła, że musi wyjechać i zastanowić się, co chce zrobić ze swoim życiem. Wyjechała i zaczęła nagrywać filmy o innych krajach po angielsku. Miała świetne poczucie humoru i śmiała się tak słodko, że Mateusz **miał łzy w oczach**. Śmiał się razem z nią, ale też płakał, bo teraz już wiedział, że piętnaście lat temu wcale nie chciała go oszukać. To on zostawił ją w dramatycznym momencie.

Następnego dnia rano podjął pierwszą, kompletnie spontaniczną decyzję od bardzo dawna. Pod fałszywym nazwiskiem zapisał się na kurs dla vlogerów, który Mai organizowała na Bali. Zaraz po przyjściu do pracy, zaniósł szefowi wypowiedzenie. Jeszcze nigdy nie widział go tak zszokowanego.

– *Headhunter*? – zapytał szef.

– Nie, po prostu muszę zmienić swoje życie. – Szef pokiwał głową. Wydawało się, że zrozumiał.

Kiedy odprawił już bagaż, przeszedł przez **kontrolę bezpieczeństwa** i kupił żubrówkę[3] w sklepie bezcłowym, usiadł w **hali odlotów** przy **bramce** i **cierpliwie** czekał, aż pracownicy **linii lotniczych** zaproszą pasażerów na **pokład**. Do **odlotu** miał jeszcze półtorej godziny, ale nie lubił się spóźniać. Teraz siedział spokojnie na niewygodnym krześle, z nogami na swoim **bagażu podręcznym** i myślał o tym, co powie Mai, kiedy ją zobaczy. „Czy ucieszy się na mój widok? Może będzie zła, może się rozpłacze,

---

[3] Wódka z trawą żubrówką. *Bisongrass vodka.*

może uderzy mnie w twarz? Co powinienem powiedzieć? Prawdę? Że zostawiłem wszystko, co miałem w Polsce i przyleciałem, żeby ją **odzyskać**? Może powinienem skłamać i powiedzieć, że jestem na Bali na urlopie?". Zapisał kilka pomysłów w notatniku w telefonie. Miał przed sobą 13 godzin, żeby zdecydować, jak zacząć tę rozmowę. Po jakimś czasie na krześle obok Mateusza usiadła blondynka w średnim wieku, w różowym kostiumie, z bardzo mocnym makijażem. Wyglądała trochę jak Beata Kozidrak[4]. Wyjęła z torebki opakowanie żelek w kształcie bobrów. Zaczęła je jeść i w tym samym momencie zadzwonił jej telefon. Mateusz popatrzył na nią zimno. Nie znosił, kiedy ludzie rozmawiali głośno przez telefon w miejscach publicznych.

– Co się stało? – zapytała kobieta z żelką w ustach, a potem słuchała przez kilka minut i kiwała głową. Mateusz nie przestawał na nią patrzeć, więc kobieta wyciągnęła w jego stronę paczkę żelek i poczęstowała go nimi. **Odmówił**, przestał patrzeć, ale dalej słuchał. – Nie płacz. Nic już teraz z tym nie zrobisz. **Czasu nie cofniesz.** Tak. Ja wiem, że jest ci przykro, ale musisz zaakceptować, co się stało i żyć dalej. No dobrze, już dobrze. **Uszy do góry!** Jutro jest nowy dzień!

„Czy ona mówi o mnie?!", pomyślał Mateusz, który generalnie był pewien, że cały świat kręci się wokół niego. „Może wcale nie powinienem lecieć na Bali. Mai mnie już pewnie nie pamięta. Ma swoje życie, ma swoją karierę. Nie potrzebuje mnie do szczęścia. Czy ja jej potrzebuję do szczęścia? Czy potrzebowałem jej przez te piętnaście lat? Czy w ogóle o niej myślałem?". Kolejna porcja trudnych pytań przeszła mu przez głowę. Był teraz jeszcze bardziej smutny, stary i samotny, ale też poczuł, że powrót do przeszłości nie ma sensu. Musi zbudować sobie nową przyszłość.

Wstał z krzesła, poczęstował się żelką w kształcie bobra, powiedział: „Dziękuję." i poszedł w stronę wyjścia. Kobieta zdziwiła się, ale wróciła do rozmowy.

– Jezu, Milena! Zapomniałaś odebrać z cukierni tort urodzinowy dla swojego psa! No i co z tego?! Przestań histeryzować…

---

[4] Piosenkarka zespołu popowego *Bajm*.

1 Zaznacz, kto w tym opowiadaniu…
Mark, who in this story…

	MATEUSZ	MAI	KTOŚ INNY
1. Pochodzi z biednej rodziny.			
2. Zostawia partnera, bo go nie kocha.			
3. Chce naprawić błąd z przeszłości.			
4. Nie dostaje pomocy od kogoś ważnego.			
5. Je żelki.			
6. Czuje się samotny.			

2 Połącz słowa w sensowne kolokacje.
Match the words to make logical phrases.

1. bagaż
2. impreza
3. hala
4. linia
5. odprawa
6. podróż
7. wychowywanie
8. związek
9. poczucie
10. mieszane

a) służbowa
b) bezpieczeństwa
c) podręczny
d) pożegnalna
e) bagażu
f) odlotów
g) dzieci
h) lotnicza
i) uczucia
j) na odległość

3 Uzupełnij zdania frazami z ćwiczenia 2.
Fill in the gaps with the phrases from exercise 2.

1. Jest tak długa kolejka do ...., że nie wiem, czy zdążę na samolot.

2. Praca w międzynarodowej firmie daje mi ....

3. Nigdy nie mogłabym być w .... Potrzebuję randek, spotkań, wspólnych wieczorów przed telewizorem.

4. .... to najtrudniejsza praca na świecie. I to za darmo!

5. Koledzy zorganizowali Krzyśkowi ...., ale on nie przyszedł.

6. Z powodu pandemii tylko pasażerowie z biletem mogą wchodzić do
....

7. .... zbankrutowały i nie zwrócą nam pieniędzy za bilety.

8. Czy wie pani, że nie wolno przewozić zwierząt w ....?

9. W tej pracy muszę ciągle jeździć w ....

10. Mam .... co do tej nowej dziewczyny mojego syna.

4 Podkreśl czasowniki, które pasują.
Underline the correct verbs.

1. Mój mąż *kłamał / skłamał* przez 20 lat, że jestem jedyną kobietą w jego życiu!

2. Kiedy brat poprosił mnie, żebym pożyczył mu 10 tysięcy, *odmawiałem / odmówiłem* mu.

3. Kiedy moja córka była mała, codziennie się na mnie za coś *obrażała / obraziła*.

4. Kiedy się rozwiodłem, w końcu *odzyskiwałem / odzyskałem* wiarę w siebie!

5. Chociaż miałem mieszane uczucia przed ślubem, teraz się cieszę, że Kasia i ja się *pobieraliśmy / pobraliśmy*.

6. Jeśli *przeglądałeś / przejrzałeś* media społecznościowe przez 5 godzin w nocy, nie dziw się, że się nie wyspałeś!

7. Wiesz, że twój były mąż *usuwał / usunął* wszystkie wasze wspólne zdjęcia?

8. Wziąłem ogromny kredyt na dom i natychmiast tego *żałowałem / pożałowałem*.

5 Dokończ zdania tak, aby pasowały do twojego życia.
Finish the sentences so they are true about you.

1. Nie mam nic przeciwko, żeby ....

2. Nie znoszę, kiedy ....

3. Miałem / miałam mieszane uczucia, kiedy ....

4. Zdałem / zdałam sobie sprawę, że ....

6 Co powiesz w tych sytuacjach?
What would you say in these situations?

1. Obca osoba częstuje cię żelką, ale nie chcesz jej wziąć.

....

2. Jesteś prawie spóźniony/a na samolot, a do kontroli bezpieczeństwa jest długa kolejka.

....

3. Na ulicy spotykasz przez przypadek koleżankę, do której miałeś/aś zadzwonić rok temu.

....

4. Składasz wypowiedzenie w pracy. Twój szef pyta dlaczego.

....

SŁOWNICTWO

bagaż podręczny – hand luggage

bateria padła – the baterry died

blizna – scar

bramka – gate

breloczek – key ring

cierpliwie – patiently

cyfrowy nomad – digital nomad

czasu nie da się cofnąć
– you can't reverse time

hala odlotów – departure lounge'

impreza pożegnalna – farewell party

Idiom *iść jak po maśle* – to go swimmingly

kłamstwo – lie (as opposed to truth)

kłótnia – argument

kontrola bezpieczeństwa – security check

Idiom *kopę lat* – long time no see

linie lotnicze – airlines

męczący – tiring

mieć łzy w oczach – to have tears in one's eyes

mieć mieszane uczucia
– to have mixed feelings

na wynos – take away (food)

narzekać – to complain

nie mieć nic przeciwko
– to have nothing against

nie stać kogoś na coś
– not to be able to afford something

nie zgodzić się – to disagree

obrażać / obrazić – to offend

odlot – departure / take off

odmawiać / odmówić – to refuse

odprawa bagażowa – luggage check-in

odzyskiwać / odzyskać – get back

opalony – tanned

pamiątka – souvenir

peleryna przeciwdeszczowa – rain poncho

pobierać / pobrać – to download

pobyt – stay

poczucie bezpieczeństwa – feeling of safety

podróż dookoła świata
– round-the world trip

podróż służbowa – business trip

pokład – (on) board

poradnik – guidebook

przedłużać / przedłużyć – to prolong

przeglądać / przejrzeć – to scroll / to scan

przybliżać / przybliżyć – to zoom in

pulchna – chubby

randka – date

samotność – loneliness

spłacić kredyt na dom
– to pay off the mortgage

strata czasu – waste of time

świecić – to shine

ulotka – flier

urządzanie mieszkania
– furnishing an apartment

usuwać / usunąć – to remove

Idiom *uszy do góry* – cheer up

walizka – suitcase

wariować / zwariować – to go crazy

widz – viewer

współlokator – roomate / flatmate

wychowywanie dzieci – to raise children

wypożyczać / wypożyczyć – to rent

wyspa – island

w zamian za to – in exchange for this / in return

za plecami – behind (sb's) back

zamiast (tego) – instead

zdać sobie sprawę – to realize

związek na odległość
– long-distance relationship

żałować / pożałować – to regret

żarówka – lightbulb

Sekret dziadka [historia rodziny, emocje]

Atmosfera w salonie była tak gęsta, jak żurek[1] na Wielkanoc. Chris siedział na fotelu w dresach i patrzył w sufit. Jego mama siedziała na kanapie i patrzyła na niego smutno, a ojciec chodził po pokoju i mówił coś głośno. Był zdenerwowany. Zdenerwowany to za słabe słowo. On był **wściekły**. **Krzyczał**: „Nie tak cię wychowaliśmy!", „Jesteś nieodpowiedzialnym gówniarzem.", „Przeprowadziliśmy się do Stanów dla ciebie, żebyś miał lepsze szanse w życiu, a ty tak nam dziękujesz?!". Mama próbowała go **uspokajać**, ale to nic nie pomogło. Był cały czerwony. Jego łysa głowa wyglądała jak karmelizowana wiśnia, którą czasem dodają do drinków.

– Jedziesz do Polski! – Usłyszał Chris.

– Że co?! – zapytał zdziwiony.

– Zdecydowaliśmy z mamą, że pojedziesz do Polski na kilka miesięcy, może na rok. Będziesz mieszkać z dziadkiem. Popracujesz u niego w domu, to może zrozumiesz, że twoje życie w Ameryce to prezent, na który nie **zasługujesz**. Zobaczysz, jak ciężko ludzie pracują w Polsce. Jak trudne mają życie. Może wtedy zaczniesz **szanować** swoich rodziców i swoje życie. Masz samolot jutro po południu, więc możesz już iść się pakować.

Chris nigdy nie planował lecieć do Polski. Był tam kilka razy jako dziecko i pamiętał, że w Polsce wszyscy byli smutni, nudni i źli na cały świat. Dobrze wspominał tylko czas spędzony z dziadkiem, wesołym starszym panem, który zawsze **opowiadał żarty** i uczył go **magicznych sztuczek**. Generalnie polskie **pochodzenie** nie było dla Chrisa **powodem do dumy**. **Wręcz przeciwnie.** Czasami wstydził się powiedzieć znajomym, że pochodzi z Polski. Wolał nic o tym nie mówić. Nie zapraszał ich też do domu, bo nie chciał, żeby mama **kazała im zdjąć buty** i założyć kapcie dla gości, żeby serwowała jajka w majonezie albo żeby ktokolwiek zobaczył obraz Czarnej Madonny[2] z Częstochowy, który wisiał u nich w salonie. Po polsku też nie lubił mówić,

---

[1] Popularna zupa na Wielkanoc z wieloma składnikami jak: kiełbasa, chleb, ser biały, chrzan, jajko.
[2] Obraz Maryi, którego oryginał wisi w sanktuarium w Częstochowie. Popularne miejsce pielgrzymek katolików.

ale musiał, bo kiedy był dzieckiem rodzice zdecydowali, że ich syn będzie przede wszystkim Polakiem. Amerykaninem mógł być **w drugiej kolejności**. Chris musiał więc chodzić w niedziele do polskiej szkoły, w której uczył się pisać i czytać po polsku, **śpiewać hymn** Polski i recytować patriotyczne wiersze. Tak jak inne dzieci w Polsce wiedział, że najdłuższą rzeką w Polsce jest Wisła, że w Toruniu można zjeść pyszne pierniki oraz że Jan Paweł II był wielkim człowiekiem, który pomógł Polakom wygrać z komunistami. W szkole generalnie dużo mówiło się o komunizmie. Ani faszyzm, ani konsumpcjonizm, ani nawet weganizm nie były tak straszne, jak komunizm. Wielu starszych Polaków w dzielnicy, w której mieszkała rodzina Chrisa, uciekło z Polski przed 1990 rokiem i dobrze pamiętało, że życie w PRL-u[3] było bardzo trudne. Kiedy przyjechali do Ameryki czuli, że dostali od Boga szansę i obiecali mu, że zrobią wszystko, żeby komunizm już nigdy nie wrócił do Polski. Właśnie dlatego, nawet w 2010 roku wysyłali paczki z jedzeniem i dżinsami do kuzynów gdzieś na wsi na Podkarpaciu, głosowali w wyborach prezydenckich i z zaangażowaniem brali udział w politycznych dyskusjach w internecie. Rodzice Chrisa wyjechali z Polski na początku lat dziewięćdziesiątych. Nie znali wtedy angielskiego i dlatego jego tata, który był z wykształcenia nauczycielem historii, pracował jako kierowca szkolnego autobusu, a mama, która studiowała chemię i marzyła o tym, żeby być drugą Marią Skłodowską-Curie, sprzątała w polskim kościele przez kilka lat, zanim zrobiła kurs **księgowości**. Na każdym kroku rodzice opowiadali Chrisowi o tym, że Polska historia była skomplikowana i nigdy nie możemy przestać pamiętać o wojnie, PRL-u i oczywiście o Panu Bogu. Powtarzali to tak często, że kiedy Chris miał 13 lat, poczuł, że **ma tego po dziurki w nosie**. Przestał chodzić do kościoła i do polskiej szkoły. Zaczął mówić do rodziców po angielsku i zdecydował, że nie chce mieć już nigdy nic wspólnego z Polską. Rodzice próbowali mu wyjaśnić, że nie może udawać kogoś, kim nie jest, ale wszystko na nic. Chris chciał być teraz tylko Amerykaninem.

Od tej pory minęły cztery lata. Chris robił wszystko, żeby rodzice nie mieszali się do jego życia. Zaczął spędzać długie wieczory w domach starszych amerykańskich kolegów. Często **wagarował**. Jego nauczyciele martwili się, bo z bardzo dobrego i grzecznego **ucznia** nagle stał się uczniem, którego inni się bali. Jego **oceny** były fatalne. Dyrektor zaprosił raz rodziców Chrisa na spotkanie i powiedział im, że jeśli nic się nie zmieni, ich syn nie będzie miał szansy dostać się na żaden uniwersytet i powinien poszukać sobie pracy. Nie mogli w to uwierzyć. Nie chcieli, żeby ich syn pracował fizycznie. Według nich powinien się uczyć i przygotowywać do egzaminów, a potem pójść na dobrą uczelnię, najlepiej na medycynę albo inny **kierunek studiów**, który da mu szanse na dobrą karierę. Mieli tylko jedno dziecko i wszystko, co robili, robili

---

[3] Polska Rzeczpospolita Ludowa. Tak nazywała się Polska w latach 1952–1989.

dla niego. Dlatego szybko zapomnieli o problemach i wierzyli mu, kiedy mówił, że idzie do kolegów uczyć się na sprawdzian. Dawali mu nawet swój samochód, żeby nie wracał w nocy autobusem.

Właśnie jednej takiej nocy Chris uderzył autem w płot domu sąsiadów. Jak zwykle wieczorem spotkał się z kolegami, grali w gry komputerowe, pili piwo. Po północy wsiadł do samochodu, ruszył i sam nie pamiętał, co się stało. Obudził się za kierownicą samochodu. Na ulicy stał samochód policyjny, wściekli sąsiedzi i jego zawstydzeni rodzice. Auto uderzyło w płot, za którym spacerował sobie pies państwa Bergsteinów. Biedny, głuchy Rulphie zginął na miejscu. Chris spędził noc na policji. Jego rodzice musieli zapłacić za nowy płot dla sąsiadów i dodać do tego sporą sumę za traumę. Chris mógł pójść do pracy i zarobić te pieniądze, ale rodzice zdecydowali, że dopóki będzie w Ameryce, nic się nie zmieni. Wierzyli, że to amerykańska kultura i amerykańscy koledzy zmienili ich syna na gorsze. Mieli nadzieję, że czas spędzony na pracy w Polsce pozwoli Chrisowi zrozumieć, jak dobre i łatwe jest jego życie i będzie miał okazję zastanowić się, co chce robić w przyszłości.

W noc przed wyjazdem do Polski Chris by wściekły. Nie mógł zasnąć ze złości. Cały czas myślał o tym, że w Polsce jest bardzo nudno. Pamiętał, że kiedy jeździł na wakacje do dziadka, jego jedynym zajęciem było sprzątanie z dziadkiem garażu, praca w ogrodzie albo bawienie się z dziećmi z osiedla, które śmiały się z jego akcentu. Dziadek mieszkał w małym domu na osiedlu, na którym każdy dom wyglądał tak samo – jakby osoba, która zbudowała go pięćdziesiąt lat temu, nagle straciła wszystkie pieniądze i nie miała za co go wyremontować. Poza osiedlem wszędzie był beton i parkingi pełne małych samochodów. Polska śmierdziała kapustą, alkoholikami w tramwajach, a Polacy nie wiedzieli, co to entuzjazm. Nienawidził Polski. Byłoby dużo fajniej, gdyby był Włochem albo Niemcem. Przynajmniej nikt w szkole nie opowiadałby przy nim żartów o głupich Polakach.

Dziadek czekał na niego na lotnisku. Kiedy tylko zobaczył wnuka, objął go mocno, poklepał po plecach i nie puszczał przez kilka minut. Chrisowi zrobiło się miło. Aż do tego momentu nie zdawał sobie sprawy, jak bardzo tęsknił za dziadkiem.

– Ale urosłeś! – powiedział cicho mężczyzna. Miał łzy w oczach. On też bardzo tęsknił.

Razem poszli na parking, gdzie stał stary, niebieski golf dziadka. Chris pomyślał, że to niemożliwe, że samochód, który od dawna powinien być w muzeum, dalej działał. Dziadek prowadził bardzo powoli i włączył głośno radio, żeby nie było słychać dziwnych dźwięków, które wydawał samochód. Chris miał wrażenie, że wszyscy kierowcy patrzą na nich i śmieją się z golfa. Założył czapkę i okulary przeciwsłoneczne, chociaż było pochmurno. Dziadek popatrzył na niego z uśmiechem, ale nic nie powiedział. Chris patrzył przez okno. Oglądał Polskę, która trochę się zmieniła przez te kilka lat, ale nie umiał powiedzieć, co konkretnie było teraz inne. Dalej myślał, że jest tu brzydko i nudno. Chciał jak najszybciej wrócić do domu.

Dziadek podgłośnił radio, w którym właśnie skończyła się piosenka Dawida Podsiadły[4], a zaczął się program polityczny. Goście programu **kłócili się** głośno. Trudno było zrozumieć, jaki jest temat dyskusji.

– Ale tragedia – powiedział nagle dziadek i zmienił stację radiową. – Cały ten kraj to tragedia.

Chris zaśmiał się i po chwili obaj się śmiali głośno, chociaż nie wiedzieli z czego.

– Twój ojciec powiedział, że mam ci znaleźć jakąś pracę na lato. Masz się zmęczyć tak bardzo, aż zrozumiesz, że musisz się uczyć. Nie ma sprawy – powiedział dziadek przy obiedzie. – Jest dużo do zrobienia. Posadzimy nowe krzaki dookoła płotu, bo mam nowych sąsiadów i ciągle mi zaglądają na podwórko. Pomalujemy salon i kuchnię, bo od śmierci babci nie malowałem i patrz jakie brudne są ściany. Posprzątamy w piwnicy, bo tam są chyba jakieś słoiki, które pamiętają czasy, zanim się urodziłeś. Nie chodziłem tam już dobrych kilka lat.

Chris tylko pokiwał głową i wrócił do jedzenia pysznej zupy pomidorowej, którą dziadek zawsze dla niego robił, kiedy przyjeżdżał tu na wakacje. Jej smak przypomniał mu wiele miłych momentów. Na przykład, kiedy przez cały ranek bawili się z dziadkiem w archeologów. Nie wiedział wtedy, że dzień wcześniej dziadek najpierw zbił kilka talerzy i kubków, zakopał je w ziemi razem z dwoma bransoletkami babci, a potem razem z małym Chrisem skakał ze szczęścia, kiedy chłopiec coś znalazł.

Teraz Chris nie miał nic lepszego do roboty przez całe wakacje. Dziadek nie miał w domu internetu, a rodzice zabrali mu telefon. Musiał sobie zająć czymś czas. Wolał pracę w ogrodzie niż oglądanie głupiej polskiej telewizji. Poza tym dziadek wyglądał na bardzo starego, zmęczonego człowieka, który potrzebował pomocy. Był niższy, niż Chris pamiętał go z dzieciństwa. Na twarzy miał więcej zmarszczek, a na głowie nie miał już ani jednego włosa. Kiedyś miał energię, żeby zabierać go do lasu na długie wędrówki albo godzinami układać z nim klocki Lego na dywanie, a wieczorami pił kilka piw, śmiał się i opowiadał zabawne historie. Dzisiaj po kolacji zasnął przed telewizorem, zanim skończył pić herbatę. Z jakiegoś powodu Chris poczuł, że to może być ostatnie lato z dziadkiem i zrobiło mu się smutno. Chciał spędzić z nim czas i chociaż nadal był zły na rodziców, to powoli zaczynał się cieszyć, że przyjechał do Polski. Szczególnie kiedy zobaczył, że w lodówce czekała na niego jego ulubiona konfitura z mirabelek. Dziadek zrobił ją specjalnie dla niego.

---

[4] Popularny polski piosenkarz muzyki pop.

Rano Chris wstał pełen energii, wziął prysznic, umył zęby, a następnie pobiegł do kuchni, żeby zrobić dziadkowi i sobie kawę i śniadanie. Dziadek **był** już **na nogach**. Siedział w kuchni przy stole i czytał gazetkę z supermarketu.

– Mają promocję na kaszankę. Lubisz kaszankę?

– Kaszankę? *Bloodsausage*? Nie. – Chris pokręcił głową. – **To nie moja bajka.** Wolę stek albo burgera. Kurczak też może być.

– No to nie u mnie. Kiedyś każdy jadł to, co było w lodówce. Twój ojciec lubił i kaszankę, i pasztetową[5]. A najbardziej mu smakowały flaki, które babcia robiła.

Chris stracił apetyt, kiedy usłyszał słowo „flaki". Dziadek zamknął gazetkę i wstał.

– Czekam na ciebie w piwnicy. Tylko załóż jakieś robocze ubranie, bo szkoda tych eleganckich dżinsów.

Chris popatrzył na swoje stare spodnie. Miał w domu kilka takich par. Mama je kupowała za kilka dolarów. „Dziadek dalej chyba myśli, że jest komunizm i niczego nie można kupić. W tamtych czasach musiało mu być bardzo ciężko…". Chłopak spędził kilka minut na myśleniu o Polsce z czasów, kiedy jego ojciec był mały, a w sklepach była tylko wódka i ocet. Oglądał kilka filmów dokumentalnych na ten temat w polskiej szkole i wiedział, że kiedy w sklepach były jakieś produkty, trzeba było stać w długich kolejkach. Nie można było kupić nawet papieru toaletowego, jeśli nie oddało się starych gazet na **makulaturę**. Mama opowiadała mu, jak kiedyś stała w kolejce długie godziny, ale nie wiedziała nawet, po co, a potem okazało się, że to była **wata**. Zwykła, biała wata.

Chris przebrał się w stare spodnie i koszulę, które dziadek położył mu na łóżku. Czuł się, jakby podróżował do przeszłości. Zszedł do piwnicy, w której było pełno starych mebli, zepsutych urządzeń i pudeł. Z sufitu **zwisała żarówka**, a pod nią wirował gęsty **kurz**. W rogu dziadek wkładał stare słoiki ze **spleśniałymi przetworami** do kosza.

– Będziesz je wynosił na górę przed dom, bo ja mam słabe kolana i nie mogę chodzić po schodach – powiedział dziadek i po chwili obaj zajęli się pracą i rozmową. Dziadek miał dobry humor. Opowiadał z uśmiechem o babci, która zawsze latem smażyła owoce i robiła z nich dżemy i soki. Dziadek uwielbiał słodycze, więc czasem w nocy, kiedy babcia nie widziała, wyjmował z lodówki **powidła śliwkowe** i jadł je łyżeczką. „Dokładnie tak jak ojciec", pomyślał Chris.

– Dziadku, wiesz, dlaczego przestaliśmy przyjeżdżać do ciebie na wakacje? Chyba nie chodziło o pieniądze, nie? – zapytał chłopak w pewnym momencie. Nie myślał o tym wcześniej, ale teraz zdał sobie sprawę, że jego rodzice od dawna nawet nie dzwonili do dziadka. – Pokłóciliście się o coś?

Dziadek popatrzył na Chrisa i odpowiedział:

– Tadek ma teraz nowe, lepsze życie. Nie chce pamiętać, skąd pochodzi.

---

[5] Pasztetowa to kiełbasa z podrobów (np. wątróbki), flaki to zupa z żołądka krowy.

– Niemożliwe. Tata ciągle opowiada o przeszłości. Czyta książki o historii Polski, cały czas porównuje swoje dzieciństwo do mojego i mówi, że jestem niewdzięczny.

– I co, mówi, że nosił za małe buty i chodził spać głodny?

– Mniej więcej.

Dziadek uśmiechnął się, poklepał Chrisa po ramieniu.

– Czas na obiad. – Zaczął bardzo powoli wchodzić po schodach na górę.

Po obiedzie dziadek zrobił im herbatę, usiadł w fotelu, założył okulary i przez chwilę czytał książkę, a potem powiedział:

– „Muszę się zdrzemnąć” i natychmiast zasnął. Chris nakrył go kocem i sam zszedł do piwnicy, żeby skończyć pracę. Zostało jeszcze kilka regałów z rzeczami, które wydawały się leżeć tam najdłużej. Jeden z kartonów, który stał przy ścianie, był mokry i częściowo spleśniały. Kiedy Chris go podniósł, wypadły z niego zdjęcia i dokumenty. Chris pozbierał je z podłogi i zaczął oglądać. Na prawie wszystkich zdjęciach byli babcia i dziadek. Uśmiechnięci, dobrze ubrani. Na jednym ze zdjęć babcia miała na sobie piękną, długą sukienkę i trzymała w ręku kieliszek szampana. Dziadek ją obejmował. Nad ich głowami był napis „Sylwester '70”. „Dziwne – pomyślał Chris. – Ojciec mówił, że nie mieli pieniędzy na choinkę na święta, a dziadkowie byli na balu sylwestrowym w takich ubraniach?”. Na innym zdjęciu dziadek i kilku innych, starszych mężczyzn w mundurach pozowali przed Zamkiem Królewskim w Warszawie. To nie mogły być zdjęcia z wojny, a więc skąd te mundury? Na jeszcze innym uśmiechnięty dziadek ściskał rękę starszego mężczyzny. To był Edward Gierek. Tego mężczyznę Chris dobrze znał. Ojciec nieraz pokazywał mu zdjęcia komunistycznych polityków, bo uważał, że ich twarze i nazwiska dzieci Polonii muszą znać tak dobrze, jak twarze i nazwiska Hitlera czy Stalina. No właśnie. Ojciec. Urodził się na początku lat siedemdziesiątych, więc też musiał gdzieś tutaj być. Chris przejrzał wszystkie zdjęcia, ale na żadnym nie znalazł swojego ojca. Między zdjęciami był jednak stary dokument. Po lewej stronie było zdjęcie dziadka, po prawej napis „Ministerstwo Spraw Wewnętrznych. Kazimierz Dobrosz jest funkcjonariuszem Służby Bezpieczeństwa”. Pod napisem było kilka pieczątek i podpis. Dziadek był komunistą?! Chris nie mógł uwierzyć. Całe życie słuchał od ojca o tym, jak komuniści zniszczyli Polskę. Ojciec opowiadał o opozycjonistach, którzy siedzieli przez długie lata w więzieniach. O tym, jak ludzie bali się zaufać sąsiadom, bo każdy mógł pracować dla partii i donosić. Ojciec nienawidził komunistów całym sercem, a dziadek… Dziadek był jednym z nich. Nie tylko był w partii, ale był w SB, najgorszym organie komunistycznego rządu. Był jednym z tych, którzy zabierali dzieciom ojców, torturowali i zabijali Polaków, marzących o wolności.

Chris usiadł na ziemi i ciężko oddychał. Miał dopiero siedemnaście lat, ale wiedział o historii Polski więcej niż niejeden nastolatek, który urodził się w Warszawie.

Nie rozumiał, dlaczego ojciec wysłał go do dziadka, skoro znał jego przeszłość i sam od niej uciekł. Czuł się też **winny**, że nie umiał znienawidzić dziadka. Powinien go nienawidzić, ale wcale tego nie czuł. Zostawił zdjęcia na ziemi i wyszedł z piwnicy. Poszedł na spacer. Szedł przed siebie ulicami, na których pełno było uśmiechniętych, głośnych ludzi. Cieszyli się słońcem, wolnym dniem, zielonymi drzewami. Dzisiaj było ciepło i słonecznie. Idealna pogoda na spacer. Chris nie **zauważał** jednak ani ludzi, ani słońca, ani zapachu trawy, kiedy szedł przez park. Myślał o tym, co powinien teraz zrobić. Zadzwonić do domu i prosić ojca, żeby kupił mu bilet do domu? Zostać i udawać, że nic się nie stało, a potem zapomnieć o dziadku na zawsze? Tak jak ojciec zapisać się do jakiejś antykomunistycznej grupy młodych nacjonalistów? Na to ostatnie nie miał wcale ochoty. Miał w nosie politykę, ale może to był sposób, żeby zmienić historię swojej rodziny? W końcu zrobiło się ciemno. Był poza domem już kilka godzin i zrobił się głodny. Kiedy wrócił, dziadek stał w ogrodzie. Przed nim płonęły zdjęcia. Kiedy ogień zgasł, polał ognisko wodą z butelki, a potem wszedł do domu. Zauważył wnuka, ale nie chciał z nim rozmawiać. Wszedł do swojego pokoju i zamknął drzwi.

Chris siedział przez jakiś czas w fotelu dziadka. Włączył telewizor, ale nie mógł się skoncentrować na filmie akcji. Może chodziło o tego idiotycznego lektora[6], który jednym głosem czytał role wszystkich bohaterów, a może chodziło o chaos, który miał w głowie. W końcu poszedł do kuchni, gdzie dziadek miał swój staromodny telefon na kablu. Zadzwonił do domu. Był pewien, że odbierze ojciec. Przygotował sobie do niego nawet kilka pytań, ale w słuchawce usłyszał ciepły głos mamy:

– Halo? Krzyś, to ty? Dlaczego dzwonisz z domowego telefonu? Dziadek zapłaci fortunę za rachunek.

– Mama? Wiedziałaś, że dziadek był w SB?

Po drugiej stronie było przez chwilę cicho. Potem mama odpowiedziała:

– Tak. Powiedział ci sam? – zdziwiła się.

– Nie. Znalazłem zdjęcia. Czy to dlatego nie odwiedzaliśmy go ostatnio?

– Trochę tak, a trochę nie. Ojciec i dziadek mieli różne konflikty.

– Czy ojciec go nienawidzi?

– Nie. Wręcz przeciwnie. Ojciec chciałby go nienawidzić za jego przeszłość, ale nie umie. Wiesz, dziadek był dla niego bardzo dobrym ojcem.

– Ja chyba też nie umiem.

– Nie musisz. I nie musisz czuć się winny.

– Dlaczego to mówisz?

– Bo twój ojciec ciągle czuje się winny.

---

[6] W polskiej telewizji jeden aktor czyta głosy wszystkich bohaterów (kobiet i mężczyzn) zagranicznych filmów. Ten aktor nazywa się lektor.

– A dziadek? Czy on też czuje się winny?

– Musisz go sam zapytać.

– Nie wiem, czy mam **odwagę** z nim o tym porozmawiać.

– Spróbuj. W tej rodzinie mężczyźni nigdy nie rozmawiają otwarcie. Możesz to zmienić. A jeśli będziesz chciał wrócić do domu, zadzwoń jeszcze raz. Kupię ci bilet.

Chris usłyszał, jak mama uśmiecha się przez telefon. Nagle zobaczył, że na korytarzu stoi dziadek, który prawdopodobnie usłyszał całą rozmowę. **Pożegnał się** z mamą i **odłożył telefon.**

– Naziści zamordowali całą moją rodzinę. Matkę, ojca, dwie siostry. – Dziadek zaczął opowiadać. – Mnie uratował nasz sąsiad, który był komunistą. Miał w domu książki Marksa, na których uczył mnie czytać, bo przez całą wojnę nie chodziłem do szkoły… Wierzyłem, że wszyscy ludzie są równi. Wierzyłem, że komunizm jest jedynym sprawiedliwym systemem. Nie zdawałem sobie sprawy, że system, który budowałem, był daleki od marzeń o równości…

Chris mu przerwał:

– Zabiłeś kiedyś kogoś?

Dziadek nie odpowiedział. Kontynuował.

– Chciałem mieć rodzinę i dać mojej żonie i synowi najlepsze życie, jakie mogli mieć. Takiego życia zwykły robotnik fizyczny bez szkoły nie mógłby dać nikomu.

– Żałujesz?

– Że moja rodzina miała lepsze życie niż miliony innych Polaków? – Dziadek myślał przez chwilę. – Tak. Chciałem, żeby wszyscy byli równi, dopóki to ja byłem na słabszej pozycji. Później już nie pamiętałem o swoich ideach.

– I dalej jesteś komunistą?

– Dzisiaj jestem nikim.

Dziadek otworzył lodówkę i wyjął z niej piwo. Nalał sobie do szklanki i wyszedł z kuchni. Chris usiadł. Z miejsca, w którym siedział widział ekran telewizora i tył łysej głowy dziadka. Starej głowy z brązowymi **plamami**, które przypominały mu, jak mało czasu zostało dziadkowi i jak mało czasu Chris mógł z nim spędzić. Wczoraj w drodze z lotniska cieszył się jak mały chłopiec na czas spędzony z dziadkiem, a teraz nie wiedział, czy w ogóle zna tego starego mężczyznę w fotelu. Nie wiedział też, czy zna swojego ojca, który nigdy nie powiedział mu prawdy. Czy w ogóle zna siebie, skoro nie wie nic o swojej rodzinie? Chociaż tego dnia dowiedział się czegoś **okropnego** o swoim dziadku z Polski, nigdy nie czuł się bardziej Polakiem niż teraz. Ameryka wydawała mu się kompletnie nierealna, nieprawdziwa. Nie wiedział dlaczego. Chris czuł, jakby całe jego ciało ważyło teraz kilkaset kilogramów. Zbyt wiele jak na siedemnastoletniego chłopaka. Z trudem wstał, wziął z szuflady łyżkę. Otworzył lodówkę i wyjął z niej słoik z konfiturą mirabelkową. Otworzył i zjadł pełną łyżkę. „Trochę lepiej", pomyślał.

1 Zaznacz, kto to zrobił (więcej niż jedna odpowiedź może być poprawna).

Who did it? More than one answer can be correct.

	CHRIS	OJCIEC	DZIADEK
1. Lubi jeść przetwory prosto ze słoika.			
2. Wyjechał z kraju, żeby uciec od historii swojej rodziny.			
3. Miał wypadek samochodowy.			
4. Pracował w organizacji, której bało się wielu Polaków.			
5. Nie chciał mieć kontaktu ze swoim ojcem.			
6. Wolałby pochodzić z innego kraju.			

2 *Zanim* czy *przed*? Wstaw odpowiednie słowo do zdań.

Fill in the gaps with the word zanim *or* przed.

1. Mama Chrisa sprzątała w polskim kościele przez kilka lat, ... zrobiła kurs księgowości.

2. .... przyjazdem do Polski Chris miał duże problemy w szkole.

3. .... sprzątaniem piwnicy, musisz się przebrać w robocze ubranie.

4. .... wrócisz do domu, muszę ci coś dać.

5. W piwnicy są chyba słoiki, które pamiętają czasy .... się urodziłeś.

6. Dziadek zasnął przed telewizorem, ... skończył pić herbatę.

7. Zastanów się, ... mi coś obiecasz.

3 Uzupełnij tabelę.

Complete the chart.

PRZYMIOTNIK / ADJECTIVE	RZECZOWNIK / NOUN
wolny	
	wina
	duma
odważny	
równy	
	spokój
prawdziwy	

4 Połącz słowa w kolokacje, a następnie ułóż z nimi zdania.
Match the words to make collocations and then use them in sentences.

1. nakrywać / nakryć   a) ramionami
2. nalewać / nalać   b) telefon
3. brać / wziąć   c) zdjęcia
4. siedzieć   d) w kolejce
5. stać   e) wody do szklanki
6. zdawać / zdać   f) sobie sprawę
7. wzruszać / wzruszyć   g) winnym
8. mieć   h) kocem
9. przeglądać / przejrzeć   i) w więzieniu
10. czuć się / poczuć się   j) udział w...
11. ściskać / uścisnąć   k) rękę
12. odkładać / odłożyć   l) odwagę

5 Uzupełnij zdania.
Complete the sentences.

1. .... Wręcz przeciwnie, ...

2. Mam po dziurki w nosie ....

3. Mam w nosie ....

4. Tęsknię za ....

5. Wstydzę się, że ....

6. Z jakiegoś powodu ....

7. Akurat .... kiedy ....

8. .... ma na mnie zły wpływ.

9. Zrobiło mi się smutno, kiedy ....

SŁOWNICTWO

Idiom *być na nogach* – to be up and about

czasem wstydzić się – to be sometimes embarrassed

donosić / donieść na kogoś – to tell on someone / to snitch

kazać komuś coś zrobić – to tell someone to do something

kierunek studiów – field of study

kłócić się / pokłócić się o – to argue about

krzyczeć – to scream

księgowość – accounting

magiczne sztuczki – magic tricks

makulatura – waste paper

Idiom *mieć czegoś po dziurki w nosie* – to be sick and tired of

mieć zły wpływ na kogoś – to have bad influence on someone

Ministerstwo Spraw Wewnętrznych – Ministry of Internal Affairs

muszę się zdrzemnąć – I need a nap

nakryć kocem – to cover with a blanket

obejmować / objąć – to hug

ocena – grade

odłożyć telefon – to hang up

odwaga – courage

okropny – terrible

opowiadać żarty – to tell jokes

plama – stain

pochodzenie – origin

powidła śliwkowe – plum preserves

powód do dumy – reason to be proud

pożegnać się z kimś – to say goodbye to someone

Idiom *siedzieć w więzieniu* – to be in jail / to be serving time

Służby Bezpieczeństwa – Secret Service

spleśniałe przetwory – mouldy preserves

sprawdzian – test

szanować – to respect

śmierdzieć – to stink

śpiewać hymn – to sing the anthem

Idiom *to nie moja bajka* – it's not my cup of tea

uczeń – student (at school)

uderzać / uderzyć – to hit

ufać / zaufać – to trust

uspokajać / uspokoić – to calm down

w drugiej kolejności – of secondary importance

wagarować – to play truant / to skip school

wata – cotton wool / wadding

winny – guilty

wolność – freedom

wręcz przeciwnie – on the contrary

wstydzić się – to be ashamed

wściekłość – rage / fury

zasługiwać / zasłużyć na – to deserve

zauważać / zauważyć – to notice

zawstydzony – embarrassed

zbierać / pozbierać – to pick (sth) up

ze złości – out of anger

zwisać – to hang

żarówka – lightbulb

ODPOWIEDZI

1.
1. b, 2. d, 3. c, 4. b, 5. c
2.
1. karp, 2. barszcz, 3. choinka, 4. makowiec, 5. opłatek
3.
1. narzeczonym, 2. narzeczoną, 3. teściami, 4. zięciem
4.
1. ściszyć, 2. dzielić się, 3. kłamali, 4. zmarzłem / zmarzłam, 5. przebiorę się, 6. pukać, 7. wyszeptał, 8. wstydziła się, 9. się wtrącać, 10. udawała

1.
1. Mariola biegała. 2. Tylko ona sama. 3. W góry. 4. Bo spóźniła się na ostatni autobus. 5. Bo miał czarny worek i łopatę na tylnym siedzeniu. 6. Zenek był jej wujkiem.
2.
1. łopata, 2. głos, 3. potwór, 4. laska, 5. chodnik, 6. worek, 7. żelki, 8. szum, 9. wędrówka
3.
1. łapać, 2. ściszać / podglądać / włączać, 3. zapinać, 4. stracić, 5. pakować, 6. kiwać
4.
1. nadjechał, 2. dojechałeś, 3. przebiegać, 4. podeszła, 5. szły, 6. jeździć, 7. przyjechała, 8. dojechaliśmy

1.
1. N, 2. P, 3. N, 4. N, 5. P
2.
Słodycze: kremówka, ptasie mleczko, krówki, szarlotka, delicje; **Finanse:** dług, oszust, konto, gotówka, przelew, bankomat; **Komputer:** sieć, dostęp, przeglądarka, konto, użytkownik, internauta, klawiatura, zaproszenie do znajomych, wiadomość
3.
Od lewej: 6, 5, 1, 2, 4, 3
4.
1. który, 2. kto, 3. którego, 4. który, 5. którego, 6. kto, 7. które, 8. kto

1.
1. Oni się przeprowadzili, bo Małgosia była w ciąży i potrzebowali nowego / większego mieszkania. 2. Jego mama nuciła mu ją, kiedy był mały. 3. Kobieta z opieki społecznej. 4. Filip uspokajał się i spał. 5. Małgosia poprosiła o pomoc, bo nie mogła dostać się do mieszkania. 6. Kobiety zabrały klucze z mieszkania pana Różewskiego i otworzyły drzwi.
2.
1. porażka, 2. smycz, 3. śpiewać, 4. szuflada, 5.widok, 6. kapcie
3.
1. g, 2. e, 3. f, 4. c, 5. d, 6. a, 7. b
4.
1. ani, 2. serio, 3. który, 4. niego, 5. jej, 6. cudzym, 7. w, 8. na
5.
1. siebie, 2. sobie, 3. siebie, 4. siebie, 5. sobie, 6. siebie

1.
1. d, 2. c, 3. e, 4. g, 5. f, 6. a, 7. b
2.
Od lewej: brama, komoda, altana, szlafrok, latarka, drabina
3.
1. drabinie, 2. komody, 3. bramie, 4. latarkę, 5. altanie, 6. szlafrok
4.
1. f, 2. a, 3. e, 4. g, 5. b, 6. c, 7. d

1.
1. W kopercie była informacja, że Krzysztof nie dostał kredytu. 2. On był zaskoczony, bo myślał, że babcia była zdrowa. 3. Babcia w sekrecie pisała książki. 4. Babcia robiła przelewy dla domu opieki. 5. Krzysztof zaczął pisać książki i zarobił pieniądze.
2.
1. a, 2. b, 3. b, 4. a
3.
1. e, 2. a, 3. g, 4. f, 5. c, 6. b, 7. h, 8. d
4.
1. Mama wolałaby żebyś nie czytał/a zbyt wielu romansów. 2. Szef prosi, żebyście napisali recenzje powieści do piątku. 3. Babcia powiedziała, żebym nikomu nie mówił o opowiadaniach. 4. Przyjechałem, żebyśmy podpisali umowę. 5. Dam ci czas, żebyś dokończył/a czytać rozdział, a potem pójdziemy na spacer.

7

1.
1. N, 2. N, 3. P, 4. P, 5. N
2.
1. muchomor, 2. dżdżownica, 3. atlas, 4. osa, 5. mucha, 6. kalosze

3.

Grzyby: muchomor, kurka, trujące, borowik, jadalne,
Owady: osa, motyl, komar, mucha, użądlić

4.

1. e/c, 2. f/e, 3. a, 4. b, 5. c/e, 6. d/e

5.

1. chociaż, 2. jakby, 3. a, 4. ale / a, 5. że, 6. dopiero,
7. czy, 8. ani, ani, 9. zanim, 10. chociaż, 11. ponieważ,
a, 12. że, więc

6.

1. którą, 2. która, 3. którzy, 4. którą, 5. którym, 6. których, 7. której, 8. których, 9. które

1.

smycz, miska, smakołyki, buda, klatka
szczeniak, łapa, ogon, karma, siku

2.

Pies: liże po twarzy, ciągnie smycz, robi siku na drzewo, je smakołyki, wskakuje na kanapę, szczeka, wyje,
gryzie piłkę, warczy, macha ogonem
Pan: nalewa wody do miski, zakłada smycz, karmi,
zabiera do fryzjera, głaszcze po głowie, drapie po brzuchu, zabiera na spacer, spuszcza ze smyczy

3.

warczy (warczeć), szczeka (szczekać), wyje (wyć),
wzdycha (wzdychać)

4.

1. ogonem, 2. smyczy, 3. grzbiecie / głowie, 4. kanapę /
fotel, 5. piłkę /patyk, 6. brzuch i łapy, 7. wody, 8. smycz
/ kaganiec

5.

1. łapa, 2. grzbiet, 3. ogon, 4. sierść, 5. język

6.

1. ze, 2. z, 3. po, 4. z, 5. z, 6. po, 7. na, 8. do, 9. do, 10. w,
11. o

7.

1. Aport!, 2. Żyć nie umierać!, 3. Tak, oczywiście. /
Przykro mi, ale nie. 4. Czy mógłby pan / mogłaby pani
założyć psu kaganiec?

1.

1. P, 2. N, 3. N, 4. P, 5. N

2.

Od lewej: wałek, łopatka, forma silikonowa, blacha
(do pieczenia), forma (do pieczenia), pędzel, stolnica,
waga

3.

1. zakalec, 2. przepis, 3. zbiórka / zrzutka, 4. pożar,
5. wypieki, 6. okruszki, 7. łasuch

4.

1. straż pożarną, 2. Zadzwonię po policję, 3. Zadzwonię po karetkę / pogotowie. 4. Zadzwonię po lekarza,
5. Zadzwonię po hydraulika / fachowca

10

1.

1. Bo rzuciła studia i nie mogła znaleźć pracy w Polsce.
2. W restauracji na zmywaku 3. Ktoś ukradł jej rower.
4. Zapisała się do szkoły tatuażu. 5. Bo nie miał dokumentów i rozpoznała żółty dzwonek.

2.

1. błotnik, 2. siodełko, 3. kierownica, 4. koszyk, 5. opona, 6. koło, 7. pedał / pedały, 8. rama

3.

1. dzwonienia, 2. przypinania roweru, 3. wożenia zakupów, 4. hamowania, 5. oświetlania drogi, 6. parkowania roweru, 7. chronienia głowy

11

1.

1. Mai, 2. ktoś inny, 3. Mateusz, 4. Mai, 5. ktoś inny,
6. Mateusz

2.

1. c, 2. d, 3. f, 4. h, 5. e, 6. a, 7. g, 8. j, 9. b, 10. i

3.

1. odprawy bagażu, 2. poczucie bezpieczeństwa,
3. związku na odległość, 4. wychowywanie dzieci, 5. imprezę pożegnalną, 6. hali odlotów, 7. linie
lotnicze, 8. bagażu podręcznym, 9. podróż służbową /
podróże służbowe, 10. mieszane uczucia

4.

1. kłamał, 2. odmówiłem, 3. obrażała, 4. odzyskałem,
5. pobraliśmy, 6. przeglądałeś, 7. usunął, 8. pożałowałem.

12

1.

1. Chris, ojciec, dziadek, 2. ojciec, 3. Chris, 4. dziadek,
5. ojciec, 6. Chris

2.

1. zanim, 2. przed, 3. przed, 4. zanim, 5. zanim, 6. zanim, 7. zanim

3.

wolny-wolność, winny-wina, dumny-duma,
odważny-odwaga, równy-równość, spokojny-spokój,
prawdziwy-prawda

4.

1. h, 2. e, 3. j, 4. i, 5. d, 6. f, 7. a, 8. l, 9. c, 10. g, 11. k,
12. b